ひっこみ思案のあなたが生まれ変わる科学的方法

A New Strategy to Help You Step Outside

Reach

Andy Molinsky

Your Comfort Zone,

Rise to the Challenge,

and Build Confidence

アンディ・モリンスキー＝著
花塚恵＝訳

ダイヤモンド社

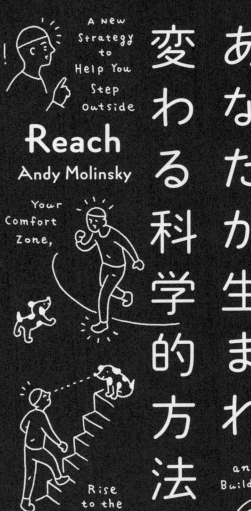

REACH
by
Andy Molinsky, Ph.D.

This edition published by arrangement with Avery, an imprint of Penguin Publishing Group, a division of Penguin Random House LLC
through Tuttle-Mori Agency, Inc., Tokyo

はじめに　〝ひっこみ思案〟は克服できる

リリー・チャンは落ち着かない様子でオフィスにいた。マフィンをひと口食べたと思ったら、すぐに皿に戻す。朝から何も食べていないというのに、食欲がまったくない。イライラしながら携帯電話を手に取る。新着メッセージはない。今度は自分の手首を手に取る。脈を計ると、95～98と異常に速い。リリーは1年前にＩＴ企業を立ち上げ、半年前に親友のジュリアを雇った。そしていま、想像もしなかったことを行う必要に迫られている。親友にクビを宣告しないといけないのだ。オフィスのなかを歩きまわりながら何と言おうか考えているが、何か思いついてもすぐに頭のなかが真っ白になる。解雇を告げることが自分にできるとは、正直とても思えない。

リリーにとって、親友の解雇は自らの「コンフォートゾーン」から出ることを意味した。**「コンフォートゾーン」とは、自分が心地よいと感じる場所や、安心して行動できる領域を意味する。**心地よいところから喜んで出る人はいない。しかし、世間では、コンフォートゾーンから出ないと「奇跡」は起きないといわれている。コンフォートゾーンの外に出れば、自分の許容範囲が広がるような学習、成長、進歩が望める。だが一方で、コンフォートゾーンから出るのは怖い。安心してできる範疇ではないと感じると、ひっこみ思案な自分が顔を出し、行動を起こせない。だからリリーは親友の解雇に踏み切れないのだ。仕事のうえでゾーン外のことを強いられるのは、彼女に限った話ではない。親友の解雇でなくても、悪い評価を伝える、自分をアピールする、人前で発言する、人脈を広げるといったことが「ゾーン外」にあたる人は多い。苦痛だがする必要のあることはきりがなく、残念ながらそれをやろうとすると葛藤が生じる。厄介に感じるかもしれないが、自分にとってゾーン外のことと向き合わない限り、高いレベルでの成功や大きな目標の達成は絶対に実現できない。

ニール・ケネディの例を紹介しよう。彼はフェイスブックが誕生する前に、インターネットに革命を起こしうるよく似たサイトを構築していた。ところが、内気な性格で世慣れていない彼は、エネルギー溢れる投資家たちのいる部屋に入っていって自分が作ったサイト（と自分自身）を売り込むと思うだけで怖くなった。結局、ニールは売り込みを避け続け、サイトの調整や仕上げに延々と取り組んだ。その間にフェイスブックがサービスを開始し、ニールが考案したサイトは時代遅れと化した。コンフォートゾーン外のことをするのに怯えるあまり、人生を一変させるチャンスを棒に振ったのだ。

ニールのケースとは違うが、アニー・ジョーンズも葛藤を抱えていた。投資ファンドで営業マネジャーとして働く34歳の彼女は、自分を主張することが苦手で、クライアントとの商談の場で彼女を貶める資産管理マネジャーの男性に言いたいことを言えずにいた。もともと平穏を好む性格なので、衝突を避けていたのだ。自分の憤りを「ほのめかす」ことや、小声で遠回しに批判することはたまにあったが、それでは何の効果もなく、男性の嫌な態度は続いた。

コンフォートゾーンを出なくても仕事がうまくいくならどんなにいいだろう。自分に課せられたタスクや責任に、自分の性格が完璧にマッチすれば怖いものはない。そんな理想の世界にいれば、アニーは堂々とした態度で、同僚に面と向かって自分の意見を主張する。ニールは何のためらいもなく自らのアイデアを披露する。リリーは親友に解雇を告げられるだけの、勇気と自信と決意がもてる。

だが残念ながら、理想の世界のようにはいかない。衝突を避けたいと思っていても、部下のいる立場の人なら、仕事上どうしても衝突しないといけないことはしょっちゅう起こる。喜んで衝突できるようにならなくても、我慢してできるようにはならないといけない。気が小さくても起業すれば、自分自身や自分のアイデアを売り込んでアピールできるようにならないといけないし、内気な性格でも人脈を広げることが求められる。人前に出ることが苦手でも、企業の幹部になれば人前で話す機会は必ず生まれるし、人を喜ばせることを信条としていても、悪い知らせを伝えざるをえないときが出てくる。あなたにも、思い当たることがあるだろう。

一歩踏みだすのは誰だって怖い

仕事で成長や学習、進歩を遂げるには、自分の言動を変えたり調整したりしないといけない状況が絶えずつきまとう。今日の働く世界では、それが現実だ。だからこそ、**思いきってコンフォートゾーンから踏みだす力（と勇気）がなければ、進歩が望める大事なチャンスを逃してしまう。**それに、リリーのように、会社とキャリアの発展に不可欠な業務をこなせなくなる恐れもある。だからこそ、私はこの本を書こうと考えた。本書を通じて、コンフォートゾーンの外へ思いきって踏みだすためのヒントやテクニック、そして勇気を与えたい。踏みだした後も本心から成功を目指して取り組めるようになるためのヒントや対策も紹介するので、自分を失うことなく期待に応えられるようにもなる。

「コンフォートゾーン」というテーマに関心をもち、グーグルで検索したことがあれば、次のような図を見たことがあると思う［＊１］。

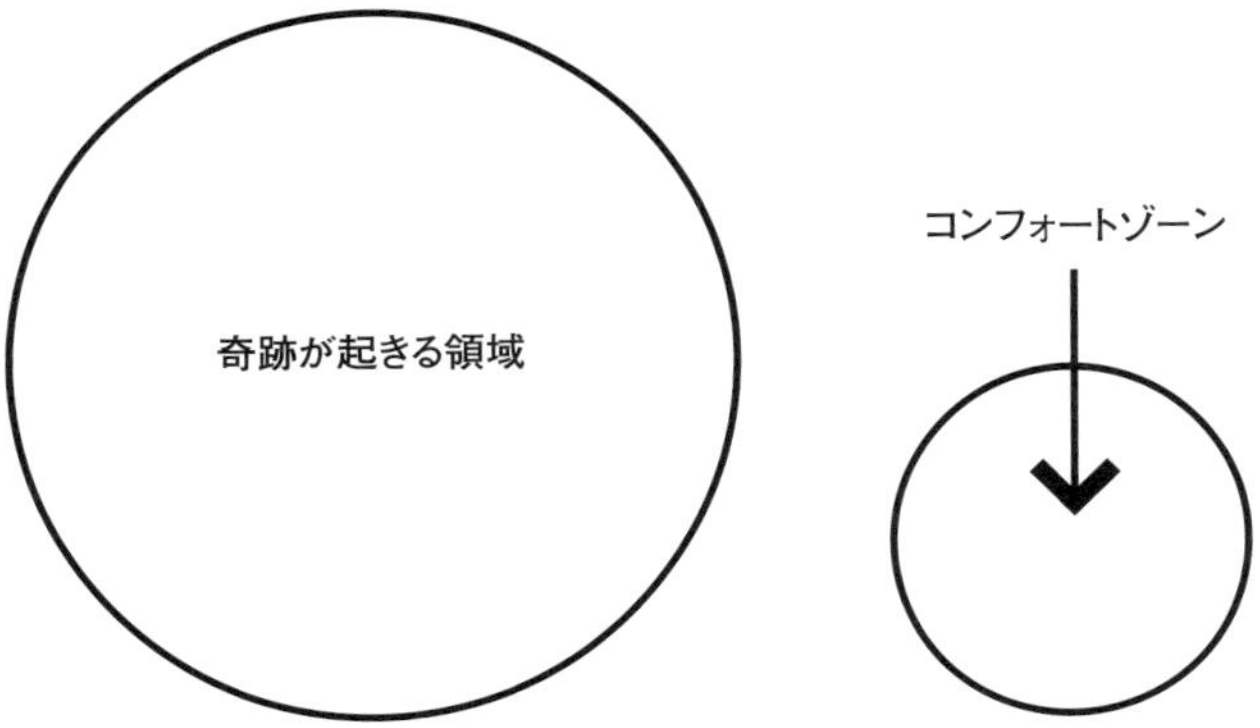

　私のようにこのテーマにどっぷり浸かった状態で検索すると、似たような図がほかにもたくさん見つかる。別の金魚鉢に飛び移る金魚、細いロープ上を綱渡りする人、パラシュートで降下する人、崖から飛び降りる人……。いずれの図も、「ずっと求めていたものはコンフォートゾーンの一歩外にある」ことや、「閉じ込められている壁は自ら築いたにすぎない」ということを伝えようとしている。もちろん、実際にゾーン外に出られるようになった人はたくさんいる。コンフォートゾーンから出る勇気を奮い立たせ、思いきって踏みだして成功した人は、自信に満ち溢れた態度でコンフォートゾーンから出ることの素晴らしさを説いてまわる。「一歩踏みだせ！　やってみろ！　怖い

のは怖いと感じる心だけだ！」というように、彼らと同じ道をたどれと力説する。

私はそういう言葉を聞くと、やってみようと思うとともに腹立たしくもなる。自分の力を実感し安心できる領域を「コンフォートゾーン」と呼び、「どんな人にもコンフォートゾーンはあるが、自分が掲げる目標を達成するとなると、このゾーンから出ないといけないことが多い」とする考え方には心から賛同する。本当に素晴らしいと思う。

しかし、それと同時に、この論理を自分にあてはめたところでうまくいくはずがないという思いがつねにつきまとった。私と同じ思いの人は、きっとたくさんいると思う。先ほどの、「コンフォートゾーン」と「奇跡が起きる領域」を表した二つの円の図からして、極めて中途半端ではないか。二つの円をつなぐ橋がどこにあるのかわからない。いったい、どうやって隣の円にたどり着けばいいというのか？　金魚のように飛び跳ねて隣の鉢へ移動できるならいいが、個人的な経験からいって、そう単純な話ではない。コンフォートゾーンから出るには、多大なエネルギーと労力が必要だ。それにモチベーションも欠かせない。やる気を起こさせるメッセージなら、ネットで探せばたくさん見つかる。だが、モチベーションだけあっても結果は出ない。**本当に必要なのは、「ゾーン外へ出る道筋」を具体的に教えてくれるロードマップだ。**恐怖心や忌避心や無気力状態にとらわれる領域から出ると自ら決意し、思いきって踏みだして、学習や成長の好循環を生みだせるようになるやり方がわからないことが問題なのだ。

コンフォートゾーンから出て行動するとなると、身がすくむような気持ちになる。ときには絶望的な気持ちになることだってある。だが実際に待ち受ける課題は、予測も特定もできることであり、この本で紹介する道筋をたどっていけば克服できる。また、コンフォートゾーンから出て行動することが大変な理由についても説明するので、ゾーン外に出る勇気と状況に即した行動をとる力を育む助けにもなると思う。ただし、万人が活用できるやり方を紹介するわけではない。自分が直面する状況や取り組もうとしている課題に応じて、自分流にやり方をカスタマイズする必要がある。

いつも何かに遠慮してしまうのはなぜか

同じ人は多いと思うが、私は大人になってからもずっと、「ひっこみ思案な自分」が何かと顔を出そうとすることに困っている。思いきってコンフォートゾーンの外に踏みだしてやってみることはあるが、残念ながら、本当の意味での成長や進歩を遂げられそうなチャンスを避けて通る生き方や働き方を選んでしまうこともある。たとえば大学生のときは、授業中に発言するのが怖かったので、講義を聴くことが中心で発言が重要視されない授業ばかり選択した。また、スキルの幅を広げることにも臆病で、本当はビジネスの世界にとても興味があったのに、大学の夏休みに「ビジネス界で経験を積む何か」に挑戦できず、テニスの指導員とサマーキャンプのカウンセラーをするだけで終わってしまった。どちらも有意義な経験だったが、本当にやりたかったビジネスの世界を垣間見ることは、関心がある反面自分には縁がないように思えて怖くもあり、結局かなわなかった。大学教授となって初めて出席した教授会でも、大学生のときのようにかなり不安を感じていた。何を言っていいかわからなかったのだ。自分が言いたいと思ったことに、言うだけの価値があるのかどうか自信がもてなかった。それに、先輩の教授陣を前にかなり萎縮していて、発言のひと言ひと言が精査されるのではないかと心配でもあった。

別の大学に移って先輩教授の立場になったいまでも、本業とは違う場面になると、いつもの自分と違う言動をとることに苦労する。人前、それもビジネスマンを前にした講演は昔からずっと苦手だ。コンフォートゾーンから出て行動するといったテーマの大切さを忙しい経営者たちに理解してもらうとなれば、ハードルは一段と上がる。そのためには、迷いのない毅然とした態度をとる必要があった。決して自分からとる態度ではないが、自信を醸しだすためだ。ほかにも、雑談や交流の術も身につけないといけなかった。本音をいえば、私は人と話すときは、コーヒーを飲みながら一対一で会うほうがいいし、直接会うよりスカイプを通じて話すほうがいい。

そんな調子だから、自分はいつもコンフォートゾーン内を行ったり来たりしているように思えてならない。とはいえ、さまざまな人に話を聞くと、そう感じているのが私だけでないことは明らかだ。私は大学教授として15年にわたり、このテーマをさまざまな面から研究している。最初は組織的な変化についての調査に取り組んだ。フォーチュン500に名を連ねる企業と都会にあるティーチング・ホスピタル（専門分野の研修を行う病院）という、二つのまったく異なる組織で組織構造が変わる過程を調べたのだ。調査を始めると、私は驚いた。組織構造の変化に伴って社員が困難を味わうことになり、しかもその要因の一つが、自分にとって自然に思える行動パターンから逸脱しないといけないことにあったからだ。その翌年から、私は「**コンフォートゾーン外の行動**」について調べることに夢中になり、2種類のまったく異なる状況について研究するようになった。

一つめの状況は、職場で「**必要悪**」を行使しないといけない状況だ。私は共同研究者［＊2］と相談し、「立場上、物理的もしくは感情的な痛みや苦しみ（場合によってはその両方）を他者に与えざるをえない行為」を「必要悪」と呼ぶことにした。研究対象としたのは、部下に解雇を告げるときのマネジャー、令状にもとづいて住人を強制退去させるときの警察官、つらい診断結果を患者に伝えるときや、痛みを伴う治療を患者に施すときの医師、依存症を克服させるために屈辱を与えるという形で患者に愛のムチをふるうセラピストたちだ。「必要悪」は、組織としての使命もしくは職務上の責任をまっとうするために欠かせないが、苦痛をかなり伴う。彼らはみな、その行使に苦労していた。職務を果たすためには、状況に即した行動をとれるようになる方法を見つけないといけなかった。職責はまっとうできるが、自分が自分でなくなったような感覚に陥らずにすむのが理想だ。

「必要悪」に関する調査と並行して、文化の違いに適応するという形でコンフォートゾーン外の行動をとる人たちについても研究を行った。この研究に着手したのは1990年代後半で、博士号の論文の題材とした。旧ソ連からアメリカへやって来た人が、仕事の面接の受け答え方を学んだときに直面した葛藤について調査したのだ。このプロジェクトを通じて、「**異文化スイッチング**」という造語が生まれた。また、この調査以降、生まれ育ちによって形成されたコンフォートゾーンから出ないといけない仕事上のさまざまな状況について、いまでも研究を続けている。文化の違いに即して言動を変えた経験について、75名以上の経営者や企業幹部から話を聞き、異国の地で異文化に即して言動をスイッチングさせるときに生じる葛藤を理解し対処するための研修プログラムや教材を開発した。また、近年になり、さまざまな国や文化的な背景からアメリカへやって来て働くようになった人たちを対象にした大掛かりな調査が完了した。その調査の一環として、アメリカ以外の国で生まれ育ったのちアメリカで職を得た人50名を対象に、アメリカの職場に即した言動に慣れる過程を2カ月にわたって追った。そして、すぐに慣れた人と慣れるのに苦労した人の経験を注意深く分析した結果、異文化スイッチングの難しさの本質は何で、どうすればうまく対処できるのかということをまとめた。その集大成が私の初めての著作『Global Dexterity（どこでも通用する力）』であり、生まれ育ちによって形成されたコンフォートゾーンから出て行動するときに生じる葛藤を、さまざまな状況を通じて提示した。

ひっこみ思案を科学的に克服しよう

1作めの本が刊行されると、そこで紹介したテクニックや考え方を、国や文化に限定せずにもっと幅広く適用するにはどうすればいいのかといった声が複数の読者から届いた。どうやら私は、自分でも気づかないうちに、文化の違い以外にも適用できるテクニックを生みだしていたのだ。読者の声に後押しされて、『ハーバード・ビジネス・レビュー』誌のウェブサイトに、「コンフォートゾーンから抜けだす：恐怖心を抱えている人のためのガイド」という記事を試験的に寄稿すると、過去数年で寄稿した記事のなかでもっとも高い人気を得た。また、ブランダイス大学のＭＢＡプログラムに、コンフォートゾーンから出られるようになるためのコースも設置した。このコースでは、異文化圏に限らず文化的な違いがない状態でもコンフォートゾーンから出られるようになることを目的としている。コースの最後のほうには、ひっこみ思案になっている自分を変えたいと思っている具体的な状況を自分で選び、自ら変わる努力をすることも含まれている。このプロジェクトのおかげで、私は学生が抱える葛藤を直に見聞きすることができ、私が考案したテクニックがそうした葛藤への対処にどのように役立つかもわかる。このように、私は長年にわたって**コンフォートゾーンから出ることと、それに付随するあらゆる葛藤の研究に没頭している。**調査を通じてさまざまな人から話を聞く限り、このテーマに関心が高いのは私だけではないはずだ。

コンフォートゾーンから出られない五つの理由

コンフォートゾーンから出るのは大変だが、大変になる原因は単純でわかりやすい。原因を認識すれば、対処する計画を立てられるようになる。このことを念頭に置いたら、本書の構成の話に移ろう。パート1では、コンフォートゾーンから出ようとするときに生じる葛藤について説明する。正確には、さまざまな職業や立場の人に共通して生じがちな葛藤を五つ紹介する。

一つめの葛藤は**自分らしさとの葛藤**で、コンフォートゾーン外の行動をとっているときに、自分を偽っている、自分が自分でない、自分は間違っているといった感情が芽生えると、この葛藤が生じる。先ほど紹介したニール・ケネディが、ようやく自らのアイデアをベンチャー投資家に売り込んだとき、彼は場違いなところに来たと感じていた。この日のためにスーツを着て（それまでの彼は絶対にスーツを着ようとしなかった）、大人びた声で話し始めたのだが、そのとたん、彼はまったく自分らしくなく不自然だと感じて仕方がなかった。そして、その感情は彼の態度にはっきりと表れていた。

二つめは**好感との葛藤**だ。これは、特定の行動をとったら相手に嫌われると恐れる気持ちから生まれる。先に紹介したアニー・ジョーンズは、言いたいことを言えば資産管理マネジャーの男性に嫌われるのではないかと恐れていた。彼女から話を聞くと、嫌われると思うのはおかしいと自分でもわかってはいるが、彼に立ち向かうことを考えようとすると、どうしても心理的な壁が大きく立ちはだかるということだった。

三つめは**実力との葛藤**だ。新しい何かを成功させるだけのスキルや知識が自分にはないという気持ちがあると、この葛藤に陥る。ITビジネスを起業した新米社長のリリー・チャンは、親友の解雇でこの葛藤を味わった。ニールは投資家にアイデアを売り込もうとしたときに、この葛藤も味わっている。ふたりとも、知識や能力が足りないと感じていて、それが周囲にバレることを恐れていた。

四つめは**憤りとの葛藤**で、そもそも自分の言動を変えないといけないことに憤りや苛立ちを感じたときに生じる。たとえばアニーの場合は、「職務に付随して当たり前」の難しさとは別に、職場での彼女の毎日を惨めにするイヤな奴と向き合うために、多大なエネルギーと労力を使わないといけないことに憤りを感じていた。

そして最後となる五つめは、**モラルとの葛藤**だ。これは、論理の正否にかかわらず、積極的にやりたくない言動に対して不適切だと感じたり、倫理に反すると感じたりするときに生じる。親友を解雇するとなったとき、リリーが強く感じたのがこの葛藤だ。解雇は絶対に必要なことであり、できるかぎりの思いやりをもって行うと決心しても、これが本当に正しいことかどうかを疑う気持ちは拭い去れなかった。

後悔のない人生を生きるためのメソッド

五つを見て想像がつくと思うが、コンフォートゾーンから出ようとするときにどれか一つでも葛藤が生じれば、厄介なことになる。二つ以上ともなれば（そうなることがほとんどだ)、感情が麻痺しかねない。だから、コンフォートゾーンから出ること自体を避けようとしてしまう。仕事や生活に不可欠なことなのに、やろうと思うとつらくなるせいで、それらを避けた仕事や生活をつくりあげるのだ。

五つの葛藤について学んだら、次は解決策に目を向ける。成功に不可欠だとわかっていても実行するのが難しい状況に直面すると、無力感を覚えやすい。そうなるのは、その状況がコンフォートゾーン外のことだからだ。だが私たちには、そういう難しさを乗り越えるだけの力がある。そしてその力の源となる三つをパート2で紹介する。一つめは**信念**だ。コンフォートゾーンを出て行動することの大切さとその実行の大変さを理解したら、確かな目的意識を育む必要がある。時間と労力を注ぎ込んでその行動をとれるようになることには本当に価値があるのだと、心から信じるのだ。信念の礎となるものがはっきりしないと、行動を変えることに本気で取り組もうと思えない。

二つめは**カスタマイゼーション**だ。これは、自分にとって自然にできるように、または取り組みやすくなるように、やり方に調整やちょっとした変化を加えるという意味である。いってみれば、自分のニーズに合わせてレシピを少々変える、パンツのウエストを自分のサイズに直すようなものだ。このように、人は何かと自分に都合のよいアレンジを加えて自分流にしようとする。それは新たに身につけたい行動も同じだ。自分が実行しやすいようにカスタマイズすればいい。実行しやすくなるまでいかなくても、やってみようと思えるくらいにはカスタマイズできる。

三つめは**マインドリセット**だ。コンフォートゾーンから出て行動するとき、誇張された思考や悪いほうへ歪められた思考が最大の難関の一つとなる。そういう思考にとらわれていると、やろうと思っていても「絶対にできない」理由が次々に浮かんできて、自分の限界や発生する負担にばかり目がいく。だが実際には、困難ばかりではない。確かに苦労する部分はあるだろうが、それと同時に、ワクワクすることや興味がもてること、できると思える部分がきっと見つかる。マインドリセットは、特定の状況に対する好き嫌いの気持ちや自分の強みと弱みを正直な心で見つめることを意味する。それができるようになるためには、歪んだ思考に「合理的な自分」をのっとらせてはいけない。

この本を書くための調査の一環として、私はさまざまな職業の人から話を聞くとともに、学術的な研究や大衆作品にも目を向けた。それらの見識や具体例を添えることで議論に深みをもたせるためだ。本書を通じて、企業のマネジャー、経営者、起業家、ラビ（ユダヤ教の聖職者）、牧師、医師たちの声を紹介するほか、大学生活のなかでコンフォートゾーンと向き合う大学生や大学教授、雑談が苦手で苦労しているバリスタ、子育てが一段落して社会復帰を望みながらも、人脈づくりや自分の売り込みに苦労する母親などの例も紹介する。また、俳優、作曲家、歌手、作家、政治家（著名な人もそうでない人も含む）たちの、コンフォートゾーンから出ようと努力する姿も伝える。個々のストーリーはみな違うが、テーマはすべて同じだ。

コンフォートゾーンから出るのは簡単だと明言した人は、これまでにひとりもいない。ゾーンから出て行動できるようになるには、時間、労力、対策、決意が必要だ。この本で対処法やテクニックを学ぶとともに、行動上での葛藤と向き合い見事に乗り越えた人たちの話から刺激を得て、みなさんにも**ひっこみ思案になっている自分を変える勇気と変えられるという自信をもってもらいたい。**

それではさっそく始めよう！

目次

目次

第6章　コンフォートゾーンの外を知る

第8章　思い込みから自由になる　189

Part. 1

引っ込み思案には理由があり、それは克服することができる

コンフォートゾーンから出て行動する（=ひっこみ思案を克服する）ことは難しく、そのためには多大な信念と勇気が必要になる。この点については、誰もが当たり前に思うだろう。だが、難しい理由を正確に理解している人は少ないのではないか。**コンフォートゾーン外のことをしようとすると、なぜ怖いと感じ葛藤が生まれるのか？　その葛藤は、どうすれば克服できるのか？**

これらの答えを知るために、第1章ではゾーン外のことをしようとするときに生じる主な心の葛藤について説明し、ゾーン外に出て行動することを怖いと感じる理由を明らかにする。

そして第2章では、心の葛藤が生じたときに陥りやすい「回避」という行動に焦点を当てる。人は、苦痛に感じることをやらないといけなくなると、それがプライベートや仕事の充実に極めて重要だとわかっていても、さまざまな工夫を凝らして避けようとしてしまう。

第1章

なぜあなたは
ひっこみ思案になってしまうのか

「はじめに」でも説明したように、コンフォートゾーンから出るのは大変だが、大変になる原因は単純でわかりやすい。原因を理解すれば、ひっこみ思案になっている自分にこれまでよりうまく対処できるようになる。コンフォートゾーンを出て行動しようとすると、主に次の五つの心理的な障壁が立ちはだかる。

1　自分らしさとの葛藤

「こんなのは自分じゃない」との思いを抱え、それを苦痛に感じる

2　好感との葛藤

「これをしたら嫌われる」との思いが生まれ、それを不安に感じる

3 実力との葛藤

「自分がうまくできないことが周囲にバレてしまう」との思いが生まれ、恥ずかしさや自分を恥じる気持ちが生まれる

4 憤りとの葛藤

「そもそも自分がするべきことではない」と強く思い、苛立ちや憤りを感じる

5 モラルとの葛藤

ある行動に対して「するべきこと」だと思えず、不安や罪悪感が芽生える

コンフォートゾーンから出ようとするたびに、五つすべてを必ず体験するとは限らないが、どれか一つ生じるだけでも立派な障壁となる。そうした心の葛藤を避けたい思いも手伝って、人はさまざまなテクニックを使ってコンフォートゾーンにとどまろうとするのだ

が、その話はひとまず置いて、まずは五つの障壁を順に見ていきながら、そもそもなぜコンフォートゾーンを出ることが大変なのか、その理由を掘り下げていこう。

ひっこみ思案になってしまう理由 ①

「こんなのは自分じゃない」——自分らしさとの葛藤

「私はCEOなんかじゃない。事業を経営しているだけの、どこにでもいる男だよ」
（某テクノロジー企業のCEO）［＊1］

やりたくもない仕事をしなくてはならないとき

南部の陸軍士官学校で上級士官を務めるジェーン・レディは、隊別演習中の士官候補生をチェックして詰問する役を担当することになり、胃がムカムカしていた。詰問する目的は、当然理解している。追い詰められた状況でも論理的に話せるように、候補生を鍛えるためだ。とはいえ、ジェーンはこれまで、上官たちが攻撃的かつ高圧的な態度で候補生を詰問し、屈辱を与える姿を見てきた。そういう態度を自分がとるのだと思うと、本当に嫌でたまらなかった。**自分らしいとまったく思えない。**

普段のジェーンは攻撃的とは程遠いが、だからといって普段どおりの態度で接するわけにはいかない。実際のところはともかく、少なくともジェーンはそう思い込んでいた。詰問役の初日、ジェーンは候補生のベルトのバックルがくすんでいるのに気づいた。バックルを磨いておくことが決まりなので、ジェーンは真剣に怒った。生まれてからずっと我慢していたかのような叫び声をあげ、鬼軍曹さながらに候補生を激しく責めたてた。その効果はてきめんで、いや、てきめんを超えていたといっていい。15秒ほどすると、候補生は泣きだした。

これは予想外だった。こんなことになるとは、ジェーンは思ってもみなかった。年若い青年を非情な態度で怒ったら、目の前でいきなり泣かれた。すると彼女はどうしたか？　さらに声を張り上げて、さらに厳しく責めたてた。「バックルごときで泣くならママを呼んであげようか？　実弾が目の前に飛んできたときはどうする？　そこでも泣くのか！」

その晩、兵舎に戻ったジェーンは這うようにしてベッドに潜り込んだ。心身ともに疲弊し、自分が恥ずかしくて仕方がない。また同じことができるとは、とても思えなかった。しかし、与えられた役割はまっとうする必要がある。詰問という行為の最大の目的は、上官をリーダーとして鍛えるとともに、若い士官候補生を試しながら成長させることであり、その意義はジェーンも理解している。そのやり方に自分が耐えられないのであれば、何とかするしかない。それもいますぐに。候補生の演習は毎日行われるので、翌日には別の隊の候補生に今日とまったく同じことをしなければならない。

「自分らしさ」が受けいれられないとき

いまや職場では、目眩がするようなスピードで役割や責任が変わり、職場環境そのものが変わるペースも加速している。仕事で成功するにはそうしたスピードについていく必要があり、それには自分を変えることが求められる。それも、大急ぎで変えないといけない。ときには本来の自分にそぐわない言動を求められるが、そうすると、自分を偽っているような感覚、違和感、間違ったことをしているという罪悪感が生まれる。効果をあげるため、個人または一職業人としての責任を果たすために必要だとわかっていても、正しいことをしているとも、いいことをしているとも思えない。ジェーンがまさにそうだった。そして、ジャスミット・シンもまた、ジェーンと同じ葛藤を味わった。インド生まれのジャスミットは58歳で転職し、急成長を遂げているアメリカの新興企業の物流部門の責任者となった。以前勤めていた会社はフォーチュン100に入るアメリカ企業で、20年以上勤めてジュニアアシスタントから経営部門のバイスプレジデントにまでのぼりつめた。ところが、2011年に会社の再編と縮小化が行われ、解雇されてしまう。そして新たな雇用先となったのが、ネット販売分野で急成長を遂げている、新興企業のアキシオムだ。紙の上で見ると、この転職は完璧だった。ジャスミットはまさにアキシオムが探していた経歴の持ち主で、ジャスミットも新たなチャレンジに挑む準備はできていた。というよりも、すぐに働かないことには現状の暮らしを維持できないというのが正直なところだった。しかし、いざ新しい会社に入ってみると、ジャスミットの個人的な価値観とアキシオムの価値観は水と油であることが明らかになる。

ジャスミットが以前勤めていた会社は組織的に動くことを重んじる縦社会で、上の立場になると、日々の業務にかかわることはほとんどない。ジャスミットも経営部門のバイスプレジデントになってからは、部門マネジャーから報告書をもらって状況を把握するだけとなったため、実際に自分の手で業務を行ったり、自分の目で実際のデータを見たりすることからは何年も遠ざかっていた。

また、ジャスミットは認めたくないかもしれないが、以前の会社の社風は彼個人の生き方に合っていた。厳格なインド人の両親のもとで生まれ育ち、目上の人には一線を画して礼儀正しく接するようにと厳しく教わったため、明確な上下関係にもとづいてものごとが進む組織は居心地がよかったのだ。下っ端のときは上司と自分をはっきり区別して敬意を示し、自分が上の立場になると、喜んでその権力を行使した。

また、正しいかどうかは別として、ジャスミットは管理職なら管理職らしい服装をするのが当然だとも思っていた。彼にとっては、スーツを着てネクタイを締め、ポケットチーフを胸元に挿した格好が普通で、いちばん落ち着く。それに高級ブランドのポケットチーフ集めが趣味で、それをブランドもののスーツに合わせるのが楽しみでもあった。しかし、新しい会社では、ジャスミットの服装は誰よりも——ジャスミットの上司よりも——フォーマルすぎて浮いていた。当然ながら、面接のときはフォーマルすぎるかどうかはわからず、働き始めたとたんに実感することとなる。なにしろ、ジャスミットが彼のトレードマークであるポケットチーフを挿したスーツ姿なのに対し、ほかの社員はみな、ジーンズにポロシャツにスニーカーなのだ。

服装だけでなく、プレゼンの仕方もほかの社員とはかなり違っていた。アキシオムは起業家精神に富んでいて、素早く実行に移すことを信条としているため、何もかもがとても現実的で端的だ。プレゼンでは、データと要点を求められる。説明を受ける気すらないのだから、現実世界とほぼ無関係な「理論」など誰も聞こうとしない。だがジャスミットは違った。彼の奥底には、教授や理論家としての気質がある。それは彼のアイデンティティの中核を担うものであり、変えるつもりのない（というより、変えられない）部分だった。これぞまさに、**自分らしさとの葛藤**である。成功のために必要な言動が、自分を自分たらしめるものと相容れないと感じるとき、自分らしさとの葛藤が生まれる。

ひっこみ思案になってしまう理由 ②

「こんなことをすると嫌われるんじゃないか」
――好感との葛藤

「人事部の人間だって、結局は好かれたいと思っている。
人事は人を助けることができる仕事だ。
それなのに、どれだけ思いやりをもって接しても、
『なんてひどい人だ！』と言われかねない」
（解雇せざるをえない状況の難しさを語った人事部マネジャーの言葉）［＊2］

誰からも嫌われたくない!

ほとんどの人の心の奥底には、他者から好かれたいという思いが変わることなく眠っている。これについては驚くこともないと思うが、脳が自分に対する肯定的な反応を実際にどのくらい切望しているかご存じだろうか? たとえば近年発表された神経科学の研究によると[*3]、他者と社会的につながって好かれたいという欲求は、食べ物や水や住居に対する欲求と同じくらい基本的なものだという。しかし、自分のコンフォートゾーンから出て慣れないことをする必要が生まれ、しかも、自分またはその**慣れないことをする自分が他者から好かれるとは限らない**となると、困った事態に陥る。これが**好感との葛藤**だ。

この葛藤を抱えたわかりやすい例が、「はじめに」でも紹介したアニー・ジョーンズだ。彼女は未公開株式投資ファンドで富裕層の顧客を担当する営業マネジャーだ。といっても、最初から営業職に就いたわけではない。大学を卒業して最初の数年は、数学教師として市内の高校に勤めていた。趣味で株の投資をやっていたが、あるとき、これを仕事にできるかもしれないと考えた。金融という男性主体の男くさい業界で働くことに懸念はあったもののの、ロサンゼルスで一、二を争う投資ファンドの求人を見つけて、アニーは飛びついた。

そしてすぐに、その決断は正しかったと実感する。営業の仕事はアニーにぴったりだった。仕事のペースが速く刺激的で、人間関係の構築を主体とする仕事は、人好きのする彼女の社交的な性格が強みとなる。すべてが順調に進んでいたが、一つだけ問題があった。資産管理マネジャーのリック・シュミッツだ。

別の資産管理マネジャーと一緒に仕事をしても何も問題はないが、リックだけは別だった。彼はいわゆる「イヤな奴」の典型で、ロバート・サットンの名著『あなたの職場のイヤな奴』で描かれているようなタイプの人間だ。リックはどんなときも、アニーを貶めた。アニーの上司の前や同僚と一緒にいるときをはじめ、とりわけ顧客との関係に傷をつけるようなことをするのだ。営業マネジャーが顧客を訪問するときは、資産管理マネジャーの同行が会社の方針として定められているので、リックを避けることはできない。

そして、アニーにとって信じがたいことが起こり、彼女の我慢はとうとう限界を迎える。それは、アニーが何としても取り込みたい顧客のオフィスを訪れたときのことだった。アニーはその顧客が投資商品の税金について不安に思っていると知っていたので、事前にリックに向かって「何があっても、税金に対する不安については、無視したり聞き流したりしないでくださいね」と念を押した。それを聞いたリックは、顧客のオフィスに入って何をしたか。顧客が税金に対する不安を口にしたとたん、あからさまにはねつけたのだ。アニーは目の前で起きたことが信じられなかった。契約を失うまいと必死にその場を取り繕いながら、内心は怒りに震えていた。会社に戻ったアニーは、オフィスのドアを叩きつけるように閉め、机の上にあった書類を一気に床にぶちまけた。

アニーからこの話を聞いたとき、私はてっきり、アニーがリックのオフィスに乗り込んでいって文句を言うのだろうと思った。誰の目から見ても、そうして当然ではないか。でも彼女はしなかった。文句を言いに行かなかった原因はまさに、好感との葛藤にある。リックの行為（今回に限らずほかの状況も含む）がどんなにひどいものであっても、アニーのではなく彼の机にある書類を床にぶちまけることが許されていても、アニーにはどうしてもできない。リックにどう思われるかが怖いからだ。

こんな状況はめったにないと思うかもしれないが、私はよく似たケースをたくさん聞いて知っている。当事者の言葉で表すなら、**「憎まれる」のが怖いから言いたいことを伝えないのだ。**その可能性がどれだけ低くても関係ない。もう一つ、コンサルタントとして働く30歳のダン・マクスウェルの例も紹介しよう。大手コンサルティング会社で働く彼に好感との葛藤が生まれたのは、会社を辞めると上司に伝えることを思ったときだった。ダンは経営コンサルタントの仕事に疲れ、別の職に就きたいと考えるようになった。しかし、会社を辞めると伝えて上司から「憎まれる」のが怖くて、どうしても言いだせない。まさに好感との葛藤だ。そうして言いだせないまま時が流れ、もうこれ以上は引き伸ばせなくなって伝えたところ、どうなったか？　ダンの懸念はまったく意味がなかった。上司はダンの辞職をあっさり了承し、さらには上司自身も辞めることを考えているのだとダンに打ち明けたという。

SNSは自慢みたいで恥ずかしい

私自身も、ソーシャルメディアを使って自分をアピールしないといけないときに「**好感との葛藤**」を経験した。そもそも、自分にソーシャルメディアを使えるはずがないと思っていた。大学の上級生になってようやくPCを手にした四十代で、いまでも苦手だ。とはいえ、私にとっていちばんの難関となったのは好感との葛藤だった。本の執筆を引き受けた当初は、自分をアピールしたり宣伝したりすることになるとは思ってもみなかった。ただ座って本を書きさえすれば、みんな買ってくれるだろうと思っていたのだ。残念ながら、現実はそうはいかない。とはいえ、まさか自分で本や自分自身をアピールしないといけないとは思っていなかったので、最初は本当に苦痛だった。「ツイート」や「投稿する」をクリックするたびに胃がむず痒くなり、コメントをもらったことについて「最高に嬉しい」だとか「誇らしい」だとか表現するたびにやりすぎではないかと感じた。誇らしく思っていたのは事実だが、そういう感情を胸の内に抱くことと、言葉にして世界に公表するのは別の話だ。自己アピールには未だ苦労している。自慢のようなことを言うと周りから何と思われるか不安で居心地の悪さを覚えるが、これも仕事だとわかっているので何とかやっている。いまの世の中で本を執筆したければ、自己アピールは欠かせない。自分に苦痛を与えるという意味で、これもまた一種の「**必要悪**」だといえるだろう。

ひっこみ思案になってしまう理由 ③

「自分がうまくできないことが周囲にバレてしまう」
――実力との葛藤

「心臓がドキドキしていました。ええ、鼓動は確実に激しくなり、汗も間違いなくかいていました。首筋に髪が張りついていたので。はっきり思いだせないので確かなことはわかりませんが、いわゆる不安発作を起こしたのだと思います」

（フォーチュン100企業のマネジャーが解雇を言い渡したときの体験談）［＊4］

「大したことない」と思われたくない！

コンフォートゾーンを出て行動することが難しいのは、実力が足りないという気持ちも関係する。やり遂げるのに必要となるスキルが自分にはないと感じれば（そして、実力もないのに行動したら実力不足が周囲に露呈するかもしれないと感じれば）、コンフォートゾーンからますます出られない。私にも実力不足を痛感した覚えがある。それは、教授として初めてビジネススクールの教壇に立ったときだ。教室に入ったとたん、私は目の前にいる学生のほうが私よりビジネスに詳しいのではないかと怖くなった（実際そうだったと思う）。準備したことを最後までできなかったらどうしよう、反対に時間が余ったらどうしようという不安もあった。また、初めて企業の重役を前に講演したときも同じだった。前日は眠れない夜を過ごし、腫れぼったい目でベッドから出ると、コーヒーを飲んで自分を奮い立たせては、エクササイズバイクを漕いで心を落ち着かせるということを交互に繰り返した。自分にできるだろうかという不安もあったが、それと同じくらい、その不安がみなにバレないかも心配していたことをよく覚えている。

考えてみれば、コンフォートゾーンから出ようとするときに**実力不足との葛藤**が生まれるのは当然だ。文字どおり、心地よく行動できる領域《コンフォートゾーン》から出て何かをやろうとするのだから。力不足ではないかという葛藤が生じると、気弱になることがある。自分の言動を変えようとすることが苦痛なのはもちろんだが、**自分の力のなさを周囲に知られると思って動揺するからだ。**

ウェンディ・ロッジの例を紹介しよう。彼女もダン・マクスウェルと同じく、一流コンサルティング会社に勤める経営コンサルタントだ。ウェンディは、人付き合いや雑談といったいわゆる「ソフトスキル」を会社が重視していることを心から不満に思っていた。入社した最初の週に目にした光景を、彼女はいまでも鮮明に覚えている。もうひとりの新入社員（ウェンディの5歳下）が、社長と地元の野球チームについて楽しげに話していたのだ。ウェンディにはとてもそんな会話はできない。野球の知識がないということもあるが、よく知らない相手、それも会社の社長のように上の立場の人と雑談をすることに抵抗があるのだ。雑談も必要だということはわかっている。しかし、彼女にとってはそれがたまらなく苦痛だった。やってみてうまくいかないと、自分が出来損ないのように思えてしまい、ますますつらくなってやりたくなくなる。

ウェンディの気持ちがわかるという人は、実力との葛藤に苛まれるのは「一般人」だけではないということも知っておいてもらいたい。有名人もまた、実力が足りないという感情に苦しめられている。歌手のバーブラ・ストライサンドは、ステージ上で歌うことが不安で、25年にわたって収益性の高い大きな会場でコンサートを開かなかった。グラミー賞を受賞した英国の歌手アデルも、コンサートの途中で怖くなり、非常口を通ってステージから文字どおり逃げだした過去がある。ソーシャルニュースサイト「ハフィントンポスト」を開設したアリアナ・ハフィントンは、自己不信に陥る感覚を「頭のなかにいるタチの悪い同居人」という言葉を使って表現していて、その同居人が絶えず「お前にはできない」とささやいてくるらしい。女優のリース・ウィザースプーンも、映画「ウォーク・ザ・ライン／君につづく道」でアカデミー主演女優賞を受賞する直前に、そのタチの悪い同居人の存在を強く感じたという。「私の名前を呼ばないでほしいと思いながら座っていたわ。世界中の人が見ている前でスピーチをすると考えると恐ろしくて」

インポスターシンドローム
――「実力がないとバレるのが怖い」症候群

ほかの葛藤を見てもわかるように、人は自分の抱えている不安を必死で隠そうとする。だから、不安を吐露したら周囲に驚かれるというケースは多々ある。『アトランティック』誌の編集長であるスコット・ストッセルがまさにそうだった［＊5］。彼は勇敢にも自身が長年にわたって不安に蝕まれ、それがさまざまな場面に影響したことを自著のなかで詳細に語っている。たとえば、公の場で話すときは、アルコールと抗不安剤を摂取しないとステージに立つことすらできないという。

力不足を感じたときに何よりも人を蝕むのは、**インポスターシンドローム**と呼ばれる心理現象かもしれない。**この心理に陥ると、自分は実力もないのに世間を騙しているペテン師だと思い込み、力のなさが「バレる」ことを恐れるようになる。**大げさに聞こえるかもしれないが、自分は単なる目立ちたがりや、ペテン師、気取りやなどにすぎず、人生や仕事で成功できたことがまぐれだと世間にバレるのは時間の問題だという心理に陥る人は本当に多い。私も講義をする教室に初めて足を踏みいれたとき、まさにそういう気持ちだったし、管理職を対象にしたクラスが増えて、私の講義を待つマネジャーや経営者ばかりが50人いる教室に入らないといけなくなったいまも、自信のあるような顔をして教壇に立ちながら、心のなかでは、経験豊富なこの人たちに私の話など価値があるのか大いに疑問に思っている。

偉業を成し遂げても怖いものは怖い

意外に思うかもしれないが、とてつもない偉業を成し遂げた、疑いようのない才能や能力の持ち主であっても、実力との葛藤を感じるなかでインポスターシンドロームに陥る人はたくさんいる。

アカデミー賞の受賞実績があり、ハーバード大学を卒業した女優のナタリー・ポートマンは、卒業から10年後に母校の卒業式で披露した感動的なスピーチのなかで、在学中に途方もない自己不信に陥ったことを告白した。「私が入学できたのは何かの手違いだと感じていました。ここの一員になれるほど賢くないのだから、口を開くときはいつも、頭が空っぽな女優ではないと証明しないといけない気持ちでした」。このような気持ちになるのは、ナタリー・ポートマンに限った話ではない。著名な大学教授にも、同じ心理に陥って未だ苛まれている人が本当に大勢いる。実力不足との思いから、**自分にはコンフォートゾーンを出て成功できるだけの才能がなく、いずれそれが世間に露呈すると不安に思っている。**

ジョディ・フォスターもまた、映画「告発の行方」でアカデミー主演女優賞を獲得したときに、これは何かの間違いだから返さないといけないと思ったらしく、ドキュメンタリー番組「60ミニッツ」で「まぐれで受賞したのだと思う」と発言した。マット・デイモンも以前、「(自らの)能力について大きな不安があり、その不安をこの先拭えるかわからない」と述べている。フェイスブックのCOO(最高執行責任者)で著書『LEAN IN』の評価も高いシェリル・サンドバーグも、「いまでも自分の資質では乗り越えられないと怖くなる状況に直面する。自分がペテン師に思える日々はいまもある」ことを認めている。アップルでデザイン部門の中核を担うアラン・ダイも、「いつか自分の正体がバレると思うと、怖くて仕方がない。ティム(アップルのCEO)は必ず、本当の私に気づく。それが怖い」と言っていた。これもまた意外に思うかもしれないが、コンサルティング会社ヴァンテージ・ヒル・パートナーズの最高責任者であるロジャー・ジョーンズが先日発表した調査[*6]によると、CEOがいちばん恐れていることが、まさにここまで述べてきた「実力不足の露呈」だという(ジョーンズも「インポスターシンドロームに陥っている」と表現している)。何十万人という社員を抱える数十億ドル企業のCEOであっても、最終決定を下す者としての資質がないと感じているのだ。

コンフォートゾーンを出ないといけない状況に遭遇すると、**誰が実力との葛藤(とインポスターシンドローム)に苛まれてもおかしくない**。そのことを実感できる例を最後に紹介しよう。聖書に偉大な預言者として登場するモーゼ(歴史上初の指導者のひとりでもある)は、王に立ち向かって古代イスラエル人をエジプトから連れだした。「王に歯向かって奴隷となっていた古代イスラエル人を解放せよ」と主から命じられたとき、モーゼもインポスターシンドロームに悩まされた。混乱し、自分にそんなだいそれたことができるのか不安でたまらない。彼は、公衆の面前で話すことにすら抵抗があった。発話障害があったため、人前で話すことを心から恐れていたのだ。それを表す一節がある。「主よ。私は弁が立つ男ではありません。昨日や一昨日から弁が立たなくなったのではありません。主がお言葉をかけてくださったときから弁が立たなくなったのでもありません。私は口が重く、舌が重い男なのです」［＊7］

ひっこみ思案になってしまう理由 ④

「どうしてこんなことをやらなくちゃいけないんだ!」

——憤りとの葛藤

「なぜこんなくだらないことを嬉しそうに
やらないといけないのですか?
私の国でそんなことをすれば、
バカだと思われます」
(アメリカで雑談の仕方を専門家から学習中のロシア人の言葉)[*8]

いっそ逃げだしてしまいたい!

自分の能力が試される未知の状況で成果をあげるためには、自分の言動を状況に即して変えないといけない。それがわかっていたとしても、**そもそもなぜ変える必要があるのかと憤りを感じる**ことがある。環境コンサルタントを務めるドリュー・ライオンズもそんなひとりで、人脈を広げるための交流イベントが大の苦手だ。彼に限らず、その種のイベントを心から好きだと言える人はほとんどいない。参加すれば、いずれ仕事上でかかわったり、顧客となったりするかもしれない人と笑顔で握手することが求められる。内気な性格のドリューにとって、それはとても怖いことであり、ストレスのたまることだった。自分の仕事にとって交流イベントが重要な役割を果たし、成功するためには参加しないといけないことはわかっている。理屈ではわかっていても、そもそもこんなイベントが重要であることに心底憤りを感じているのだ。

憤りは人に向かうこともある。先に紹介したアニー・ジョーンズは、リック・シュミッツの言動のせいで、わざわざコンフォートゾーンから出てまで彼に立ち向かわないといけないことに激しい憤りを感じていた。また、特定の個人ではなく、特定の地位や役割の人が果たす仕事全般に対して憤りを感じることもある。

わかりやすい例をあげよう。大手の金融機関で重役を務めていたロジャー・エヴァンスは、規模の小さな金融機関に転職した。大手の会社では基本的に自分ひとりでプロジェクトを動かせたが、転職先は社内の合意を重んじるため、どんな小さなことでも周囲に根回ししないといけない。それが本当に大変で、彼は心の底から怒っていた。その話をするロジャーの声や口ぶりから、彼の苛立ちは私にもはっきりと伝わった。ロジャーは、落ち目になった会社のブランドイメージを改善する仕事を担当することになった。市場にたくさんいるライバルと競合するためだ。彼が知っているプロジェクトの進め方は一つしかない。

だから、かつての会社でやっていたように、自分ひとりでプロジェクトに取り組んだ。

そして素晴らしい成果をあげた。新たなブランディング戦略が見事にハマり、いずれ業界トップクラスのライバルたちと競い合えるようになるのは間違いない。よくやったと誰もが思いそうなものだが、そうはいかなかった。ロジャーがかつての会社で身につけた、自分ひとりでプロジェクトを進めるというやり方は、社員の協調を重んじる転職先の社風とまったく相容れなかったのだ。そのせいで、プロジェクトが完了してみなからの賞賛を期待していたロジャーに対し、社員の反応は冷たかった。素晴らしい仕事をしていると思っていたら、いつの間にか社内ですっかり孤立していたのだ。ロジャーの憤りは会社と同僚に向けられた。だがそれ以上に、賞賛されるべきことをして冷遇されたという事実に彼は激しい怒りを覚えた。

ひっこみ思案になってしまう理由 ⑤

「こんなことをしてもいいんだろうか……」
――モラルとの葛藤

「誰かを解雇するときは、心底つらい気持ちになります。解雇を何とも思わないという人は、どう控えめにいっても狂っているとしか思えません」
（アパレル企業のマネジャーの言葉）［＊9］

倫理的に正しくないのではないか

コンフォートゾーンを出ようとすることで生じる葛藤は、自分らしさ、実力、憤りとの葛藤でもそうだが、とりわけ好感との葛藤は、自分にとっての自然な行動と、成果を出すためにとらないといけない行動とのギャップが原因で生まれるケースがほとんどだ。ギャップは行動に限らない。**モラルのギャップもある。**人は、自分がとろうとする言動が倫理的に正しいかどうかを気にするものなのだ。

冒頭で紹介したリリー・チャンがいい例だ。親友のジュリアを雇うと決めたときは、完璧な計画に思えた。しかし、それはジュリアが大事な取引先2社とのやりとりでヘマをして、取引先のウェブサイトがクラッシュする原因をつくる前の話だ。ジュリアは友だちとしては最高でも、社員としての能力はあまり高くなかった。起業したばかりの会社を厳しい資金繰りで運営するCEOという立場からすれば、社員を遊ばせておく余裕はない。ジュリアの社員としての能力が低く、そのせいで経営危機に陥りかねないとわかっているにもかかわらず、リリーが解雇という引き金を引けずにいるのは、**その行為が間違っているように思える**からにほかならない。

同じ起業家でも、アラン・ゴスリングのケースはまったく違う。モラルとの葛藤が生まれたのは同じだが、彼の場合は、解雇ではなく採用のことで生まれた。彼の会社は、主要な取引先から資金を調達できなければ1カ月ともたない状況だったが、人材の募集をかけるためにはその事実を伏せておく必要があった。そうした詳細の開示は、法的には定められていない。考えてみれば、これから雇おうとする相手に会社の全容を包み隠さず教える人はほとんどいないだろう。とはいえ、アランは現状の一部しか伝えないことをつらいと感じていた。

ある研修医の葛藤

モラルとの葛藤は職業に関係なく生じる。それは私たちが実施した調査からも明らかだ。なかでも都会にあるティーチング・ホスピタルで研修中の女子医学生の例はとても印象に残っている。その学生は、昏睡状態の女性の胃に栄養チューブを入れることになった。患者は、脳卒中を起こした四十代か五十代初めの女性だ。とても痩せていて、髪はほぼない。見通しは非常に暗いにもかかわらず、患者の家族は栄養チューブを入れて延命する決断を下した。その結果、患者の喉にチューブを挿入する仕事をその女子医学生が担うことになったのだ。研修中の医学生にチューブの挿入を任せることは、ティーチング・ホスピタルでは一般的だが、その女子学生には一度も経験がなく、ひどく悩んでいた。昏睡状態の患者なので、何も言えず、何もできず、何も聞こえないとはいえ、チューブを入れるときに痛みを感じるのは間違いない。不必要に思える痛いことを、彼女が中心となって行わないといけない。そのときに感じたことを、彼女は私たちが実施した「**必要悪**」の調査を通じて次のように書き残してくれた。

チューブを入れること自体もそうですが、患者の反応を見ることのほうがつらかったです。患者は全身汗まみれになり、目から涙がこぼれ落ちました。喉に入ってくるチューブに必死に抵抗し、怖くて怯えているようにも見えました。自分の身体に何が起きているのか、彼女はわかっていたのでしょうか。もし私が彼女なら、いまの私には想像すらできないほど怖がっていると思います。病気を患ったうえに、恐怖心や自分の望みを伝えることができないのですから。彼女は痛みを感じていたのでしょうか? 栄養チューブを望んでいたのでしょうか? 彼女の身に何が起きているのか、わかっていたのでしょうか? この最後の疑問がいちばん引っかかりました。たくさんの若者に囲まれた状態で、喉にチューブを差し込まれたり、胃に穴を開けられたりしているのに、何が起きているのか理解できていないというのは、本当に恐ろしいことだと思います。私には悪夢にしか思えません。

最後にもう一つ、ジェシー・ウォンの例を紹介しよう。ジェシーはアメリカで全国放送されている朝のテレビ番組のスタッフとして働いている。番組に出演するゲストやインタビュー対象者を確保するのが仕事で、大きなニュースになるほど他局に先んじていちばんに出てもらうことが重要になる。マスコミ業界では他社に先駆けて報道することを「スクープ」と呼び、スクープを獲れる人が優秀だとみなされる。たいていのニュースでは、モラルとの葛藤はあまり生まれない。もちろん、スクープ合戦でストレスはたまるが、ジェシーの価値観や信念が脅かされることはない。ただし、悲劇のニュースだけは別で、激しいモラルとの葛藤が生じる。

たとえば、大規模な航空機墜落事故が起きたとしよう。そうすると、犠牲者の家族の出演をどの局よりも先に確保することがジェシーの仕事なので、彼女の連絡で家族が事故を知ったとしても、インタビューの申し込みも同時に行わないといけない。受話器をとって歯を食いしばりながら、子どもをなくした母親や父親にお悔やみの言葉を伝えるとともに、全国放送に出てもらえないかとお願いするのだ。これをするたび（つまりは、受話器の向こうで感情をむき出しにして泣き叫ぶ声を聞くたび）、ジェシーは魂の一部を失ったような気持ちになる［*10］。泣いていようと、泣きやみたくても泣きやめない状態であろうと、犠牲者の家族を何としても番組に出演させることが彼女の仕事だ。それも、どの局よりも先に出てもらわないと意味がない。

これほど激しいモラルとの葛藤を味わう人はごく少数だが、ジェシーの例から、自分のモラルからはずれることを強いられると、いかに深く思い悩むことになるかがよくわかる。

モラルとの葛藤はときに激しい混乱をもたらす

ご覧のとおり、コンフォートゾーン外の行動をとろうとすると、自分がとる言動との葛藤やモラルとの葛藤、ときにはその両方が生じて困難になることがある。人はどうしても、**そんな行動をとるのは自分ではない**という思い、**自分にそれができるほどの力はない**という感覚、**なぜそんなことをしなければならないのか**という憤り、そんなことをして**周りから嫌われないか**という懸念、**モラルに反する行動をとることへの不安**といったものを抱いてしまうものなのだ。

コンフォートゾーンを出て行動したときに生じる感情はさまざまある。不安、苦痛、苛立ち、罪悪感……。一つの状況でそのすべてを体験するとは限らないが、すべて感じることももちろんある。いずれにせよ、一つか二つ味わうだけでも、混乱が生じるのは確かだ。そういう感情が何をもたらすかは、わざわざ説明するまでもないが、決して自分が望むものではないということだけ言っておこう。

一つ例をあげると、麻痺状態に陥ることがある。感情に押しつぶされて、何をし何を考えればいいのかがわからなくなってしまうのだ。本書の執筆にあたって調べてみたところ、後世にその偉業を語り継がれるような人物であっても、感情の負荷がかかりすぎて麻痺状態に追いやられた人がいると知って本当に驚いた。俳優のヒュー・グラントはかつて、パニック障害によって俳優業から引退する直前まで追い込まれたと語っている［*11］。彼の言葉を紹介しよう。「ずっとパニック障害に悩まされていた。あれは本当に最悪だ。ウサギみたいに動きがとまる。話すことも考えることもできなくて、汗がとまらない。仕事でそういう状態になって家に戻ると、『もう演技はしない。映画はこれで終わりだ』と自分に言い聞かせていた」。マハトマ・ガンジーにも何もできなくなった経験がある。若き弁護士だった頃、感情に押しつぶされて裁判中に判事の前で固まってしまい、最後には法廷から逃げだして恥をかいたという。

感情に押しつぶされない方法

感情に押しつぶされたいと思う人はいない。ましてや、自分が恥をかくような形で感情が溢れることなど絶対に避けたい。とはいえ、コンフォートゾーンを出ると、そういうことが起きてしまう。私は調査を通じて、感情のせいで一切機能できなくなった人をたくさん見た。そういう人は、仕事の肝心な場面で能力を発揮できなくなることがとても多く、フォーチュン500に入る企業でも見受けられる。とある会社の重責を担う役員は、ベテラン社員に解雇を告げようとしたときに固まってしまった。その役員の名はカール。彼は、長きにわたって自分の下で働いてくれたマネジャーのひとり、それも個人的によく知る人物に解雇を言い渡すことになった。カールの会社には（この会社に限った話ではないが）、相手を思いやる態度で事実をはっきりと伝えるために、解雇を告げるときの台本が用意されている。カールが練習できるよう、人事部の担当者がカールのところへ台本のコピーを持ってきた。だが、カールにはちゃんとできるという自信があったので、台本を使うことを拒み、「大丈夫だから」と伝えた。ところが、呼びだしたマネジャーが部屋に入ってくるのを見たとたん（マネジャーはこの瞬間に解雇を言い渡されると気づいたようだ）、カールは感情が溢れて固まってしまった。想定していたことは何も言えず、震える手で台本をつかむと、そのまま読み上げ始めた。その姿はまるで、解雇を言い渡すロボットのようだった。

　カールの場合は感情が溢れて麻痺状態になったが、感情が溢れなくても麻痺状態になることがある。状況によっては、怒鳴りたい、叫びたいといった感情、ときには暴力に訴えたいといった感情まで排除する人がいる。「必要悪」の調査に協力してくれたある会社のマネジャーは、「感情は厄介だ」と語っていた。たとえ冷たい言い方になっても、解雇を言い渡すときは絶対に感情を排除しないといけないというのが彼女の主張だ。「早く終わらせたいという感情を抱えてうろたえながら解雇を告げると、『さあ、言った。これで仕事は終わった。解雇の知らせという重荷を背負う役目は、私から君に移ったぞ』というふうに相手に伝わります。そうすると、相手は黙ってこちらを見つめて涙を流す。それを見ると、相手のために何もできないという無力感に襲われます」

また、感情が溢れて涙を催すこともある。涙の影響はとても強く、涙が出ると自分ではどうすることもできない。ニュースサイト「ハフィントンポスト」に、感情が涙を催させる実例となる痛ましい記事が載っていた。そこには、託児所での息子の扱いに不安を覚え、その不安を責任者に訴えたときに味わった腹立たしさが描かれていた。託児所の責任者と対峙した筆者の女性は、感情が高ぶって泣きだしたという。「話し始めて30秒もしないうちに、涙がこみあげてくるのがわかった。責任者の女性に対し、息子に噛みついた男の子に目を配ってほしいと頼んだが、彼女は私の不安を一蹴した。『一時的なことですよ。そのうち噛んだりしなくなります。それに、噛みついた男の子は息子さんよりずっと小さいですし』と彼女に言われたとき、私はろくにとりあわずに話を終わらせようとしているのだと感じ、激しい怒りがこみあげた。その瞬間、私の顔は真っ赤になり、涙がこぼれ落ちた[＊12]」

調査をしてみると、人は想像以上に「泣く」ということに敏感であることがわかった。**泣くのがわかっているから、泣くのが怖いからという理由でコンフォートゾーンから出るの**

をためらうケースが多いのだ。また、期せずして泣いてしまうケースもある。フォーチュン500企業の人事部バイスプレジデントもまさにそうだった。彼女は重役とのミーティングで侮辱されたと感じ、そのまま直属の上司のオフィスに駆け込んで涙を流した。彼女が侮辱されたのはそのときだけではない。これまでに何度も経験した侮辱されたという思いと、その気持ちを重役に一度もぶつけられないという思いが重なって涙につながった。

涙に関係する例は、コンフォートゾーンを出て行動しないといけないときの反応としてはかなり切迫したものばかりだったが、必ずしも切迫した状態になるとは限らない。意識に変化が生じるだけのケースもある。具体的にいうと、苦痛に感じる状況に自ら「身を置く」という意識から、そういう状況を「回避する」ためならどんなことでもするという意識になるのだ。コンフォートゾーンを出る事態を避けるとなると、人は驚くべき能力を発揮する。次章では、その避ける能力について見ていく。

第2章

ひっこみ思案の行動パターンを知る

人がさまざまなやり方で怖いと感じる状況や仕事を避けようとするのは、ごく自然なことだ。ヒトが進化の過程で生き延びたのも、そういう面のおかげかもしれない！　クマを見たら走って逃げる。ライオンを見ても走って逃げる。このように、命の危険にさらされる恐怖を感じたときにとる反応を「闘争・逃走反応」と呼ぶ。しかし、これと同じ反応を、「職場で新たな職務に就く」といった状況でとるのは問題だ。**不慣れな仕事を回避すれば、一時的に不安や恐怖から解放されるが、**それと同時に、**新たなスキルを習得するといった、コンフォートゾーンを出るとはいえ魅力的で有意義な機会を逃す**ことになる。

このことを念頭に置いて、人がコンフォートゾーンから出ないといけない状況をどのように避けてひっこみ思案になるか詳しく見ていこう。自分がどれにあてはまるか考えてみてほしい。

ひっこみ思案あるある① 徹底的に避ける

人は誰しも、家や職場で自分の居心地が悪くなることを避けて生きている。投資家のウォーレン・バフェットは、学生時代に人前に立ってひとりで話す必要のない講義しかとらなかったことを悔やんでいる［＊1］。卒業後に金融業界で働き始めたが、最初のうちはとくに、人前で話さないといけないときにうまく話せなかったからだ。当時のことを、バフェットは次のように振り返る。「人前で話すと思うと、吐いてしまう。だから、人前に立たなくてもすむような生き方や働き方を心がけていた」。著名な作曲家のフレデリック・ショパンは、人前で演奏するのが大の苦手でよく断っていたため、30年近くになる音楽家人生のうち、人前で演奏したのは40回ほどだった［＊2］。

もちろん、人前で話すことだけが恐怖を感じることではない。職場で同僚と筋書きのない雑談をするのが怖くて、気軽に同僚と集まりたがらない人は大勢いる。中高齢者の孤独をなくすキャンペーンの一環として、中高齢者の支援団体エイジＵＫが英国で調査を実施したところ、ウォーターサーバーの周りに集まって雑談するよりもひとりでいたほうがいいと答えた人が60パーセントにのぼった［＊3］。また、この調査から、人とのかかわりを避けるための興味深いテクニックも明らかになった。コンピュータの画面で自分の姿を隠す、電話がかかってきたフリをする、聞こえないフリをする、といったことでかかわりを避けているようだ。

当然ながら、どうしても回避できない仕事や状況もなかにはある。大学教授なら、たとえ講義をしたくないと思っていても、教授という職に付随する仕事なのでまず避けられない。その反面、カンファレンスへの出席や法人向けの基調講演といった仕事は避けようと思えば避けられる。また、企業などで社内での実権が増すと、マネジャーや監督者といった自分より上の立場の人間が少なくなるので、ストレスに感じる仕事を回避しやすくなる。とはいえ、組織のトップになると、ストレスに感じる仕事をしないといけなくなる確率が高くなる。トップという地位にいるのだから、人前でのスピーチだって、悪い知らせを伝えることだって問題なくできると多くの人に思われるからだ。トップだからといって、必ずしもそうとは限らない。その一例として、アレクサンダー・スタインが『フォーチュン・スモール・ビジネス』誌に寄稿した、小さな会社のCEOに関する記述を紹介しよう。そのCEOは、顧客に期日までの支払いを要請するのが怖く、そういう業務を一切避けてきた。あるとき、その影響が会社に損害をもたらすまでになる。そのときの彼の状態を、アレクサンダーは次のように語っている。「(CEOは)会社を立て直すのに何をする必要があるかわかっていた。遅れている支払いの回収、経費の削減、前金でもらう額を増やすための新規クライアントとの交渉だ。しかし、期日を過ぎた請求額の支払いを顧客に催促すると思うだけで、彼は怖くてたまらない。受話器をとって電話をかけるなど、とてもできない。クライアントに前金を多く払ってもらえないか尋ねると思うだけで、映画『ブロードキャスト・ニュース』で緊張のあまり汗だくになったアーロンに自分を重ねた」[＊4]

ひっこみ思案あるある② ある程度だけ、わざと下手にやる

回避したい仕事だからといって、必ずしも回避できるとは限らない。そういうとき、**取り組みはするが中途半端なことしかしないという人がいる。**たとえば、クライアントになる可能性の高い顧客を見つけても、食事で接待せずにソーシャルメディアを使って事業の詳細を知らせる、社員の前でスピーチをしてやる気を鼓舞するのではなく、社員の刺激となるメッセージをフェイスブックで送る、といった具合だ。また、交流イベントに出席しても、新たな知り合いを増やそうとせず、元々の知り合いとずっとバーにいたり、ドリンクをもらう場所やトイレに長くいたりするなどで時間を潰し、初対面の人と話す状況を回

避する人もいる。「交流イベントに参加してきた」との報告は間違いではないが、初対面で話をした人はひとりもいない。

ダン・ゴールドは、いま紹介したような回避テクニックを使っていた。彼は洗車ビジネスを起業したが、注目すべきは、彼が独自に開発した洗車事業の効率を高めるソフトウェアシステムだ。ソフトの開発は大好きなので、彼が開発を回避することは一切なかった。しかし、営業は別だった。ソフトを買ってくれそうな人に実際に売り込むことは、何としても避けようとした。ソフトの質には自信があった。自分の洗車事業で使っているので、効果はわかっている。だが、ダンは何かを強要するということが大嫌いだった。誰かの目を見て何千ドルも払ってほしいと自分が頼むと想像するだけでゾッとするのだ。

頭では、実用的でちゃんとしたソフトだとわかっている。このソフトを使えば最初の1年で数千ドルの節約ができるので、買っても基本的に元はとれる。だが、クライアントはそのことを知らないので、売り込もうとするたびにダンは言葉に詰まり、途中で売り込みをやめてしまう。いってみれば、きれいな女性を見かけて話しかけ、彼女もこちらに惹かれていそうな気配を感じ取りながらも何も言わないのと同じだ。そのうえダンの場合は、クライアントがソフトを売ってほしいと頭を下げにやって来ても、値引きして売ろうとした。向こうから売ってくれと言ってきたにもかかわらず、無理強いになることが怖いのだ。

最終的にはソフトの販売もビジネスとしてスタートさせたが、そうなるまでには想像以上に時間がかかった。それはひとえに、ダンがコンフォートゾーンを出たときに恐怖心を感じ、その結果、ゾーンから出ることを避けていたからだ。

「必要悪」に関する調査を通じて、大変なタスクを中途半端に終わらせる例をたくさん目の当たりにした。なかでもラリー・スタイベル率いるチームが見つけた、幹部の解雇に関する事例が印象に残っている［＊5］。ある会社の社長が営業部長を解雇するときに、できるだけ傷つけまいとの思いから、「君はこの仕事をするには有能すぎる。その高い能力に見合う仕事をしたほうがいい」とだけ言い、解雇という言葉は口にしなかった。中途半端な伝え方をすれば、当然ながら望む結果は生まれない。営業部長は、自分が解雇されたと気づかなかった。

ひっこみ思案あるある③　先延ばしにする

コンフォートゾーンを出ないといけないタスクを確実に回避したいなら、先延ばしにすればいい。だから、レポートを書かないといけないとわかっていても、「皿を洗ってからにしよう」と自分に言い聞かせる。皿を洗ってしまったら、「このニュースが終わってからにしよう」となり、さらには「子どもが寝てからにしよう」「この番組が終わってからにしよう」ときりがない。先延ばしは、家でも職場でも行われている。最近の調査によると、**95パーセントの人がたまに先延ばしすることがあると答え、いつも問題になるくらい先延ばしにしてしまうと認めた人は25パーセントになる**［＊6］。この先延ばし集団のなかには著名人もいる。ビル・クリントンは慢性的な先延ばし屋として有名だ。『タイム』誌によると、スピーチの草稿を数週間前に渡しても、コメントが戻ってくるのはいつも直前だったらしい［＊7］。アル・ゴアは「時間どおりということができない人間」を自称していて、ヒラリー・クリントンから「彼にスケジュールを守らせるのは至難の業」だと言われている。歴史に名を残した偉人にも、先延ばしせずにいられなかった人はたくさんいる。作家のハーマン・メルヴィルは、妻に頼んで鎖で机とつないでもらい、『白鯨』の執筆の先延ばしを防いだという。

調査を通じて知った数々の事例のなかでも、フェイスブックがサービスを開始する前に同じようなサイトをすでに作っていたニール・ケネディの先延ばしには本当に胸が痛んだ。ニールと彼に投資した人たちは大金を手にできたはずだった。ところが一つ問題があった。ニールの先延ばしグセだ。「細部を手直ししている状態」が快適で安心できるという理由から、彼はオプション機能に至るまで完璧に仕上げてから世間に発表しようとした。結局、ニールが先延ばしグセを発揮して自らのサイトを世間の目にさらしたがらないでいるうちに、他者に追いつかれ、追い抜かれてしまった。そしてどうなったかはみなさんもご存じのとおりだ。

ほとんどの人が先延ばしをするが、それを自分で認める人はごくわずかしかいない。認める代わりに言い訳を用意する。本当は先延ばし以外の何ものでもないくせに、そうしないといけないと自分に言い聞かせるのだ。ニールの言い訳は、「慎重になっている」だった。要するに、いつまでも手直ししているのは、思慮深く慎重なCEOだからだと自分に言い聞かせたのだ。「完璧なタイミングを探している」という言い訳もあったかもしれない。ニールの場合はサイトの公開に完璧なタイミングとなるが、ほかにも、「転職に完璧なタイミングを探している」、リリー・チャンのケースなら、「親友を解雇するのに完璧なタイミングを探している」と言い訳するかもしれない。

ひっこみ思案あるある④　責任転嫁する

何をしても避けられないとなったときは、「**責任転嫁**」という手もよく使われる。要は、自分がすべきタスクをほかの誰かに押しつけるのだ。たとえば、経営者なのに知らない人との交流を怖がって、本来なら自ら会社の代表として出向くところをアシスタントに行かせるという行為がこれにあたる。人前で話すのが怖いCEOなら、本来CEOの役割である社員を鼓舞するスピーチすらほかの誰かに任せるかもしれない。とりわけ責任転嫁されることの多い業務といえば、悪い知らせの通達だ。悪い知らせを伝えることを怖がる人はとても多い。

ニュージャージーにある化学薬品会社で、責任転嫁が原因でとてもショッキングな事件が起きた。社員のひとりが会社のコンピュータシステムを破壊して、2000万ドル相当の損害を与えたのだ。その原因は、まさに社長の責任転嫁にあった。社長に宛てて書かれたメモに、その事実がはっきりと表れている。

私は30年以上にわたり、いいときも悪いときも会社のために尽くしてきた。解雇されるとしても、遠く離れた場所にいる経営陣の誰かが我々のところへやって来て、面と向かって告げられると思っていた。それがまさか、食堂の責任者が警備員を引きつれてやって来て、犯罪者のように敷地から追い出されるとは。その愚かな行為の報いを受けてもらう[＊8]。

責任転嫁にはこんな例もある。コンサルティング会社DDIと『エコノミスト』誌の調査部門であるエコノミスト・インテリジェンス・ユニットが世界各地の経営者420人に調査を実施したところ、10人中6人が人材育成のスピードが他社に遅れをとっているのではないかと心配していた。だからといって、自らの手で何とかしようと育成過程に積極的にかかわるつもりはないらしい。人材育成のために実際に時間を使っている経営者はたった20パーセント、その問題を役員会でとりあげた経営者になると10パーセントしかいなかった[*9]。調査チームのリーダーのひとりだったマット・パエーゼは、次のように語る。「会社に適した人材を育てることの重要性に気づいていながら、その責任を社外に任せているというのは本当に驚きだ」

逃げることでさらに恐怖心が増していく

ご覧のとおり、仕事にとって有意義で大事な場面でも、さまざまな理由から、コンフォートゾーンから出ることをとてもつらいと感じるときがある。自分の人となりに反する行動をとろうとすれば、自分が陰険で不誠実な人間になったと感じるかもしれない。気まずさを感じたり、周りの目が気になったりすることもあれば、「正しいと思えないことをやら

回避から生まれる悪循環

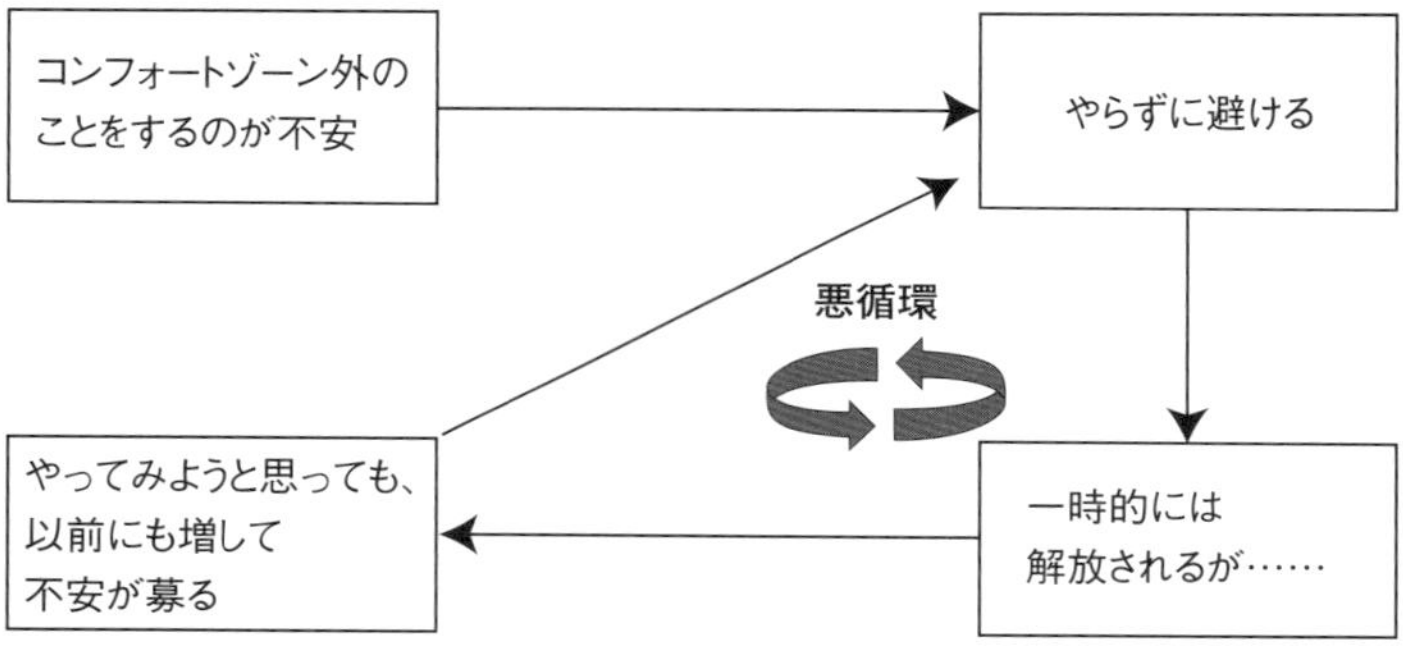

ないといけないのは間違っている」といった気持ちになることもあるだろう。そもそもなぜこんな怒りを味わわないといけないのか、なぜ「自分らしくしているだけ」では思いどおりにならないのかといった憤りすら感じるかもしれない。こうした感情が生まれると、何としてでも不安を軽くしようとする。だがそうすると、自分が不利益を被ることになる。

たとえば、ヘビが怖いとしよう。ヘビが怖いと思っていれば、ヘビと距離をとろうとする。ヘビを見るたびに逃げれば、その場で身を守ることはできる。だが、いつまでたってもヘビに対する恐怖心とは向き合えない。それどころか、毎回ヘビから逃げていれば、ヘビと遭遇する現実から遠ざかる一方なので、**恐怖心はますます強くなる。**現実にどうなるかを自分で考えてみようとすれば、思っていたほど怖くないと気づけるかもしれない。**怖いからといって繰り返しヘビから逃げていれば、恐怖心を克服する機会はどんどん失われていく。**

図を見てわかるように、ヘビから逃げ続ければ、恐怖心は大きくなり続け、病的なまでにヘビを怖がるようになってどんなことをしてでも避けるようになる。怖い対象がヘビなら、回避は必ずしも悪いことではないが、「雑談」や「上司との会話」、「ダメ出し」や「よいところの指摘」を回避すれば自分が損をする。自分個人の仕事上の成功に欠かせないことでも、それをしないですむような働き方になるからだ。これにより、「回避のパラドクス」が生まれる。自分がストレスに感じる状況を避けたところで、時間がたつにつれて結局はストレスの度合いが高まるだけだ。それは図にもはっきりと表れている。

図の左上のボックスのように、コンフォートゾーン外のタスクに不安を感じていると、人はどんなことをしてでも（おそらくはこの章で紹介したテクニックを使って）避けようとする。何といっても、回避を選択すれば、すぐにその恩恵にあずかれる。ストレスに感じることを実際にやらずにすむ！　短期的に見れば、これはメリットだといえる。だが時間がたって、そのタスクをやらないといけない別の機会が生じると、不安は以前よりも増大する。そのタスクはもはやタブーも同然で、ストレスに感じるだけでなく、積極的に避ける対象となる。そうなれば当然、思いきってやってみるハードルは高くなり、思いきってやってみる可能性はさらに低くなる。そうして避ける回数が増えていけば、図の悪循環にとらわれる。恐怖心と向き合わずにその場限りの解放感を味わってはまた避ける、という悪循環が続いていく。

Part.
2

コンフォートゾーンから踏みだすための科学的方法

会社の会議に貢献したいのに、話に割って入ることができない。人脈を広げる必要があるとわかっているのに、初対面の人と気安く会話を始められない。職場で認められるためにはそろそろ仕事上の功績をアピールする必要があるのに、自慢話をすることが苦痛でたまらない。このように、私たちが職場で直面する「必要だが苦痛を伴うこと」をあげていけばきりがない。プライベートでも職場でも、ものごとは絶えず変わり続けることを思えば、苦痛を伴うことは増す一方でしかない。ライフスタイルや生活習慣、組織における文化といったものは、時とともに変わる。機能していた一つの文化が別の文化に変わる、仕事上の習慣や風習が変わるといったことはしょっちゅうだ。また、編集者からエージェント、製品開発者からCEO、看護師から看護師長というように役割が変わったり、職業そのものが変わったりすることもある。役割や責任に変化が生じると、「困難」がついてくる。**コンフォートゾーンから出ることを強いられ、自分の能力が試される状況や性格的に難しいと感じる状況に必ず遭遇する。**

コンフォートゾーンから出て行動しないといけない状況がとんでもなく大変になるかもしれないことは、パート1で紹介したとおりだ。人を楽しませるのが信条なのに、仕事になると悪い知らせを伝えることにしょっちゅう怯え、その苦痛に耐えかねて、ときには伝えるという仕事そのものを避けようとする人もいれば、内気な性格のため、雑談をしたり、初対面の人と打ち解けたり、商品を売り込んだりすることに苦労している人もいる。人前で話すことを怖いと思っていれば、どんな人だって壇上に立ってスピーチするのは恐ろしいと感じる。だが、ほとんどの人にとって、そういうことが起きるのが職場だ。仕事面で学習し成長を遂げたり、立場が上がったりする過程で、コンフォートゾーンから出ないといけない状況に絶えず遭遇する。そうすると、状況に即した言動をとらないといけないが、コンフォートゾーンから出て状況に即した言動をとれる技量と勇気がなければ非常に難しい。

パート2では、**ひっこみ思案を克服し、コンフォートゾーンから思いきって踏みだすために必要な見識やものの見方を学んでもらう。** ここで学ぶことはどんな状況にも適用できる。思いきって踏みだす一歩は大きくなくてかまわない。むしろ大きくないほうがいい。何千人もの前でスピーチするのが怖ければ、数人の友人、同じチームや部署の少人数の前でスピーチしたり、トーストマスターズのように大勢の前で話せるようになるための支援団体に加入したりすることから始めればいい。自分にとっていちばんハードルが高い状況から始めてはいけない。交流イベントで初対面の人と話をするのが怖いなら、最初は同僚と一緒にイベントに参加したり、知り合いがいるとわかっているイベントに参加したりするといい。

コンフォートゾーンから出て行動するときは、ロシアの心理学者レフ・ヴィゴツキーが「足場かけ」と呼ぶ援助の類いが必要になる。そこで、最高の足場かけとなるものをこれから三つ紹介しよう。いずれも状況に即した言動をとるためには欠かせず、これらを手にし活用することで、ひっこみ思案を克服する勇気と力、克服できるという自信が手に入る。一つめは「**信念**」で、その言動をとる目的と理由を心から理解し自覚する。二つめは「**カスタマイゼーション**」で、できるだけ自然にその言動がとれるように、自分なりのやり方を見つける。三つめは「**マインドリセット**」で、自分が葛藤を抱えていることや、その言動を避けようとしていることを認識する。次章から、この三つを順に詳しく見ていきながら、自分のものにして活用する方法を説明しよう。

第3章

ひっこみ思案な自分を変える科学的方法①

信念——目的を絶えず心に抱く

苦痛を乗り越えるには

ワシントンDCの中心部にある新しい職場へと車を走らせていたリサ・ウォーレンは、右に曲がって高速道路を降り、郊外にある自宅へ戻りたい気持ちに駆られていた。この日から、小さいながらも有名なシンクタンクの調査部門責任者として働き始めるのだが、その職が自分に不釣り合いだと感じているのだ。リサが優秀であるのは間違いない。名門大学を卒業後、誰もが知っているコンサルティング会社に入社し、つい先日アメリカでトップクラスの公共政策大学院で修士課程を修了したばかりだ。にもかかわらず、彼女はみなを欺いているような気持ちで新たな職に就こうとしている。社内における調査開発の長となるというのに、彼女に経営経験は一切なく、調査の実績も乏しく、調査部門のトップなら取得していて当たり前の博士号もない。

それに年齢のことも気がかりだった。リサは28歳で、部下となる古参のスタッフはみな15は年上だ。ちなみに彼女の前任者は55歳で、博士号を取得していた。リサは勘違い女になったような気分だった。はっきりいって、何かの間違いで雇われたとしか思えない。面接が数回あったので、シンクタンク側がリサのことをどこの誰かわかっていたのは確かだ。それでも彼女は、別のリサ・ウォーレンと間違って雇われたという幻想を抱かずにはいられなかった。しょせん、それほど珍しい名前でもない。自分よりずっと高学歴のリサ・ウォーレン宛の採用メールが、間違って自分のところに届いたのではないか。

このように、不安や恐れ、分不相応といった思いを抱えていたため、新しい職場へ足を踏みいれるのは本当に苦痛だった。未熟な自分にそんな資格はないと思えてならず、出社しないという選択肢すら頭をよぎった。高速を降りて家に戻りたいと、これほど強く感じたことはない。でも結局、リサは高速を走り続けて職場へ向かう出口で降り、新たな仕事をスタートさせた。「行くな」という声が全身から発せられているにもかかわらず、リサが「行く」ことを選んだのはなぜか。彼女を職場へ行く気にさせたものが、この章のテーマである「**信念**」だ。

コンフォートゾーンを出ないといけない行動に、正当な理由がないとしたらどうだろう。

03 ひっこみ思案な自分を変える科学的方法①
信念――目的を絶えず心に抱く

人脈づくりがキャリアにとってそれほど重要でなかったら、同僚との雑談が一切仕事に関係しなかったら、自己アピールが仕事と無関係だったら、その行動をとることに疑問が生まれる。その「苦痛」に見合う「見返り」が得られないのは明らかなので、そんなことをしても意味がないと笑い飛ばすだろう。とはいえ、この本を手にとった人にはきっと、うまくできるようになりたい何かがコンフォートゾーンの外にあるに違いない。そこで大切になるのが「信念」がもつ力だ。**「信念」とは、「自分がやろうとしていることに対する強い目的意識」だ。**「その目的には**試練や重圧に耐えて達成するだけの正当な理由と価値がある**」と心から信じる気持ちが信念である。著名な神学者だったアメリカ人のハリー・エマソン・フォスディック牧師は、そのことを次のように言い表している。「(人は)お金のためなら必死になる。他人のためならさらに必死になる。だが何よりも必死になるのは、一つの目的に打ち込んだときだ」

リサが新たな職場にちゃんと出社できたのは、まさに信念のおかげだ。もともと環境問題と企業の社会的責任への関心が高く、そのために何かしたいと心から思っていた。だから、大学で環境学を専攻し、自然保護団体のシエラクラブで実習生として活動した。修士課程でも環境問題と企業の社会的責任について研究し、その集大成として、自ら現場に出て地元企業が果たす社会的責任を高める手伝いをした。調査部門の責任者という新たな職が怖かったのは間違いない。ただし、リサは「怖いけどワクワクする」と言っていた。未熟だという思いはあるものの、その仕事の意義と深いつながりを感じずにはいられなかった。だから苦痛を乗り越えられたのだ。

目的意識が生まれるきっかけはいろいろある

信念はどうやって生まれるのか。生まれ方はいろいろあり、人生をよりよい方向に変えることで生まれる場合もある。たとえば、自分がとくに苦痛に感じる何かを実行することで、**周囲の評価が高くなる、スキルの向上が加速する、自分に自信がつく、**といったことが起こる。ニューヨークの不動産業界で大成したバーバラ・コーコランにとって、ABC放送の「シャーク・タンク」へのレギュラー出演は、コンフォートゾーンから踏みださないといけないことだった。踏みだせたのは、男性がほとんどの番組のなかで、自分もこの場の一員だと実感したいという気持ちから、出演することには意義があるという信念が生まれたおかげだ。「番組に初めて出演したときは、怖くて死にそうだった」と彼女は言う。だが「自分はここにいて当然だ」と強く信じる気持ちをもつことで、恐怖心に打ち勝った。

誰かを助けたいと思うことがきっかけで、コンフォートゾーンから踏みだす人もいる。

たとえば募金活動は、苦痛に感じてやりたくないと嫌悪する人が多い。ウォートン・スクール教授で心理学者のアダム・グラントが発表した調査によると、募金活動の目的を意識する機会を与えるだけで（この調査では、集めた募金によって奨学金を得た人と直接会う機会を設けた）、活動の仕方が劇的に変わったという。活動者に目的意識が生まれたことで、活動に対する粘り強さや奨学金のために集める金額にも変化が起きた。奨学生と実際に会ってからは（会ったといってもたったの5分である）、電話で募金を頼む時間は2倍以上になり、募金額は3倍近く増えた。その原動力となったのが**目的意識**であり、とりわけ**大義のために貢献したいという気持ちが生まれたことが大きい**。

「誰かのために」と思うことで人は一歩を踏みだせる

「自分以外の誰か」がきっかけで生まれる信念の例として、もう一つ興味深い報告がある。組織心理学を研究するテキサス大学のエミリー・アマナチュラとコロンビア大学のマイケル・W・モリスによると、女性は交渉ごとになると、自分のためではなく友人や部下のために交渉するときのほうがはるかに強気に主張できるという［＊1］。自分の報酬についての交渉では、女性は男性より平均7000ドル少ない額を提示したが、友人のための交渉になると、男性と同額を要求した。つまりこのケースでも、**自分が苦痛に耐えて「見返り」を得るという目的がしっかりとあることで、苦痛にうまく対処できる**とともに、その見返りに対する目的意識も強くなったのだ。

私が実施した、職場で「必要悪」を行使しないといけない企業のマネジャー、警察官、依存症カウンセラー、医師についての調査でも、信念に関する同様の効果が明らかになった。行動の目的を強く意識する、すなわち、自分もしくは他人の人生や状況をよくすることにつながると意識することができれば、痛みを伴う医療行為、解雇通達、住人の退去といった職務が可能になるのだ。目的を明確に意識していなかったら、どの行為も実行するのがとてつもなく大変になる。たとえば警察官が住人を退去させる場合、**信念が心理的な支えとなって、冷静な判断力を保たせてくれる。**私はその現場を目の当たりにした。日常的に1日に20件の強制退去を行うふたりの警察官に同行させてもらったのだ。防弾チョッキをはじめとする完全装備を身にまとって同行した結果(強制退去を行う場所は治安が最悪の地域に多い)、ほかの職業の人と同じく、彼らにとっても信念は欠かせないことがわかった。信念が緩衝材となって、他人の家に入って住人に向かって出ていくようにと、それもいますぐ出ていけと伝えることのつらさを和らげてくれるのだ。同行させてくれた警察官は、不運としかいいようのない人でも退去させないといけないが、法を守って職務を遂行することが大切なのだと私に語った。また、退去させる相手が家賃を滞納している場合は（そういう人も確実にいる）、家賃を踏み倒す人のせいで大家は何万ドルもの被害に遭っているのだから、ちゃんと払うことが大切だと相手を諭した。

依存症カウンセラーにとっての信念もよく似ていた。彼らの仕事には、素行の悪い患者をリハビリ施設から追いだすことも含まれる。しかし、患者を施設から追いだせば、依存症に逆戻りする可能性が高い。調査対象の一つだったリハビリ施設で起きた、とりわけ難しいケースを紹介しよう。その施設のベテランカウンセラーが、施設のルールを破ってばかりいる患者を追いだすことになった。その施設では、明確なルールを設けて違反行為を徹底して罰することで、患者に責任を教えるという理念を掲げていた。つまり、違反行為を何度も繰り返した患者を追いだすことは、施設の哲学と完全に一致する。とはいえ、実行するのはやはり大変で、ここでも信念が重要な役割を果たしてくれた。患者を追いだすことは、苦痛でつらく、担当のベテランカウンセラーは眠れぬ夜を過ごしたが、やり遂げないといけない仕事だと思えたおかげで実行できた。

小児科医からも同じような声があがった。痛みを伴う治療を子どもにするとき、信念がそのつらさに対抗する手段になるという。ある医師の言葉を紹介しよう。「子どもの泣き声が聞こえるとつらい気持ちになるが、この治療は本当に必要だと強く信じる心があることで、つらさが軽くなる」

信念によって人は初めて一皮剥ける

当然ながら、これまでに紹介した例に登場する人たちにとっても、コンフォートゾーンから踏みだすうえで信念が欠かせなかったケースは多い。アニー・ジョーンズを思いだしてほしい。未公開株式投資ファンドの営業マネジャーで、富裕層の顧客との打ち合わせで同僚のリック・シュミッツにひどい態度をとられたあの女性だ。アニーは、泣き言や不満を並べ立てる人間だと思われることを恐れていた。そしてそれ以上に、苦情を訴えている最中に感情的になることを恐れていた。そんなことになれば、彼女の自尊心はますます傷つく。とはいえ、アニーはとうとうリックに立ち向かい、実際それが功を奏することとなる。仕事で成功したいなら、それも金融のように男性主体の業界で成功したいなら、自分のために立ち向かう術を身につけないといけないことは、アニーにもわかっていた。それは絶対に必要であり、闘う以外の選択肢はない。また、時間がたつにつれて、立ち向かう必要があるというだけでなく、そうするのが筋であり正当だと考えるようにもなった。この部分に時間がかかったのは、立ち向かうという自己主張の仕方に心の奥底で抵抗があったからだ。アニーは好戦的に育てられていない。むしろその逆だ。敬虔なカトリック信者の家庭で厳しく育てられ、話しかけられるまでは自分から口を開くなと教わった。そうした背景に彼女の内気な性格が相まって、同僚に苦言を呈するのは間違っているように思えたのだ。少なくとも最初はそう思っていた。

しかし、そういう考え方もまた、時間とともに変わっていった。リックに立ち向かうことは、アニーの苛立ちを発散させるためだけではない。彼の言動がアニーや会社に与える影響をわからせることにもなる。それに突き詰めれば、リックの言動がアニーに及ぼす影響を指摘する勇気がないのは、アニー以外の誰のせいでもない。そう考えるようになった。要するに、アニーは悟ったのだ。自分の仕事をまっとうするためにはコンフォートゾーンから踏みだすしかなく、それは完全に正当な行為なのだと。そして、信念が生まれるきっかけとなった、自分のために**立ち向かうのは必要かつ正当だという思いが、彼女に壁を越えさせた**。はっきりいって、アニーはもっといい扱いを受けて当然だ。彼女はその事実に気づいたことで、コンフォートゾーンから踏みだしたいと強く思えるようになった。

リリー・チャンもまた、親友の解雇というつらい仕事を実行に移す勇気を信念によって奮い起こした。リリーの考え方を変えたのは、会社の成功に人生を左右される人たちの存在だ。先に紹介した研究にもあったように、女性は他人のための交渉ごとになると、自分の意見をより強く主張しようとする。リリーは、自分以外で親友ジュリアの影響を誰が受けるか考えてみた。すると、たくさんの人が思い浮かんだ。会社を起業するにあたり、リリーは両親や親戚からお金を借りている。そのお金は、会社の利益から返さないといけない。リリーの会社に投資してくれたベンチャー投資家にも借金がある。それに何といっても、彼女には社員がいる。リリーとこの会社の未来に賭けて、給料の高い仕事を辞めてきた人もたくさんいる。いまあげた人たちの期待を裏切ることはできない。絶対に。親友の解雇は途方もなくつらい仕事だが、そうすることが正しい（そして必要だ）という信念を抱くことで、つらさがずいぶん和らいだ。

ベストセラー著作もあるウォートン・スクール教授のアダム・グラントも、ビジネス交流サイト「リンクトイン」への投稿でよく似た経験を語っていた。彼は人前で話すことが苦手で、教職に就いてからその恐怖心を克服する必要があったという。初めて講演したときのことを、彼は次のように記している。

「数年前、講演してみないかと声をかけられ、うっかり『イエス』と言ってしまった。私は怖くなった。学生のときは、授業中に手を挙げると考えるだけで心臓がドキドキしたほどだ。何週間も前から、話す内容を忘れてしまう悪夢を見るようになり、目覚めるとびっしょりと汗をかいていた。たくさん練習したが、講演の3日前からろくに息もできない状態になった」

興味深いことに、アニーやリリーをはじめとする多くの人と同様に、アダムもまた、人前で話すことが自分にとって大切な理由をしっかりと深く理解したことが功を奏したようだ。その理解のおかげで、不安がよぎっても信念を保てるようになったのだ。アダムの言葉はこう続いていた。「講演のことを思ってパニックになっても、**講演を中止にする理由を探すことはなくなった。いまは、講演をする理由に意識が向く**。講演は、自分にとって本当に大事なことをみなさんに伝えるためのものだ。それに、私は前提に疑問を呈して実利的な意見を提案し、人々を楽しませることが大好きだ。その気持ちが強くなると、不安が薄らぐ」

「なぜ、それをするのか?」と自分に問いかける

最後に、これまでとは違う信念の生まれ方を紹介しよう。信念は、行動の根底をなす意義を信じる気持ちから生まれると述べてきたが、神のお導きだと心から信じる気持ちから生まれることもある。バーバラ・ハリス牧師がまさにそうだった。監督教会の牧師である彼女に対し、私はコンフォートゾーンから出て行動することの難しさについて尋ねた。彼

女にとってのゾーンを出る行動は、息をひきとる間際の患者の病室を訪ねて、最後となるかもしれない祈りを捧げることを意味した。つい忘れてしまいがちだが、司祭、牧師、ラビなど、聖職者と呼ばれる人たちも人間だ。いくら重要な仕事だからといって、コンフォートゾーンを出ないといけないことに不安や恐怖を感じることはある。バーバラも実際にそうだった。子どもと遊んでいるときや、料理をしているときに、「牧師さま、お忙しいところすみません。できれば病院に来ていただきたいのですが大丈夫でしょうか。親族が危篤になり、あまり時間がないのです」と電話がかかってくれば、彼女はすべてを放りだしてその場に駆けつける。

バーバラにとっていちばんつらいのは、唐突に呼びだされることではない。もちろん、予定外のタイミングで想定しなかったことを求められるのはつらい。しかしバーバラにとっていちばんつらいのは、自分が駆けつけた先に待ち受ける状況だった。彼女は、とても受けとめきれないと感じていた。人が死にかけていて、家族が悲しみにくれるなかに入っていけば、絶対に間違ったことはしたくない。思いやりと勇気をもってその状況に対処しようとする。階段をのぼってドアノブを回すまでは、どんな心構えをしていいかもわからないまま、自分がその場にいることに深く苦悩する。「自分はいったい何様なのか？何の権利があってこれほどのことをしようというのか？」。もちろんその答えは、「自分は聖職者であり、それが聖職者の仕事だから」だ。とはいえ、聖職者も突き詰めれば人間だ。だから、自分には荷が重いと感じてしまう。

そう感じたときに頭をよぎるものが信念だ。少なくともバーバラはそうだった。自分には荷が重いと感じる瞬間、彼女の支えとなったのは、神のお導きと神を心から信じる気持ちだった。神はその役目を果たさせるために自分をこの世に遣わしたのだから、**自分には役目を果たす義務がある**。それに、神がそばにいてくれるのだから、ひとりぼっちでもない。ドアノブを回して病室に入ると、バーバラは祈りの書をぎこちなく取りだして、神に心からの祈りを捧げる。そうすることで、神から思いやりと勇気を授かり、つつがなく務めをまっとうできるのだ。

第4章

ひっこみ思案な自分を変える科学的方法②
カスタマイゼーション——殻をやぶる実践テクニック

自己主張が苦手な若手コンサルタントの話

ルーシー・ウォンは仕事に没頭していた。金曜日が締め切りの報告書の結論がもうすぐ書き終わるから（金曜日は3日後である）、翌日には今週中に終えないといけない仕事をすべてやり終えてしまうだろう。この週が特別というわけではない。ルーシーは小さい頃から神童として知られ、ワイオミング州の小さな町からイェール大学に進学してハーバード・ビジネス・スクールを修了し、いまはベイン・アンド・カンパニーに勤めている。世界有数のコンサルティング会社の若手アソシエイトとして働いていれば、よい成績をあげてシニアアソシエイトに昇進したいと誰もが願う。ルーシーも入社してからずっと、そうなることを夢見ていた。業界トップクラスのコンサルティング会社ともなれば天才はごろごろいるが、ルーシーほど並外れた能力をもつ人材は少ない。経済を予測する能力に秀でていて、イェール大学では数学と経済を専攻し、3年で最優秀の成績で卒業した。おまけに3カ国語を操る。アメリカで育ったので英語は当然使えるし、家では両親と中国語で話す。また、アメリカで暮らすドイツ人向けの高校に通ったため、ドイツ語もマスターした。これは、ルーシーの将来にプラスになると考えた両親の配慮だ。

このように、昇進の条件はすべて揃っているように思えるルーシーだが、一つだけ問題があった。一つとはいえかなり大きな問題で、**ルーシーは会議で発言することに怯えていた。**中国人を両親にもつ彼女の家庭はとても厳格で、ルーシーは序列を重んじ、話しかけられるまで自分から口を開いてはいけないと教わった。生まれつきおとなしく内向的な性格であることも手伝って、思ったことをなかなか口にできない。小学生の頃からそうで(4年生のときから、能力の高さを称賛されつつもっと自分から発言するようになってほしいと教師から言われていた)、大学に進んで社会人になってからも変わらなかった。ルーシーが研究職に就いていれば(彼女の両親はともに研究者だ)、その性格を存分に活かせただろう。自分のオフィスに閉じこもって優れた論文を量産できるので、成功は思いのまま手にできたに違いない。

しかし、**経営コンサルティングの世界では、自己アピールが不可欠だ。**会議の場では、若手ならなおさら積極的に発言して周囲の評価を得ないといけない。会議は活発に意見を出し合いながら議論を進めていく形式がほとんどなので、独自の視点（仮説）を構築して他者の意見や仮説に疑問を投げかけることが求められる。しかもその場には、必ずといっていいほど先輩や上司も同席する（ルーシーにとってはこれが何よりもつらかった）。ルーシーは、先輩や上司を下の名前で呼ぶことにすら抵抗がある。そんな彼らを前にして、自らのアイデアを積極的に披露して擁護し、場合によっては他者のアイデアを批判しないといけないのだ。ルーシーにとってはコンフォートゾーンからかなり遠くへ出ないとできないことであり、そのせいで会社を辞めようかと本気で考えたこともあった。とはいえ、心からこの仕事を愛していたし、正直なところ辞めることはとてもできなかった。そんなことをすれば、ルーシーの成功を誇りに思っている家族を失望させることになる。

カスタマイゼーションはあなたの背中を押してくれる

ルーシーは結果的に、仕事でかなりの成功を収めることとなった。彼女が好む、口数が少なく控えめで目立たないようにふるまう仕事のスタイルは、ベインで成功するために必要とされている、遠慮なく自己主張するスタイルとはまったく違う。にもかかわらず成功を手にしたのだ。注目してもらいたいのは、彼女がどうやって成功できたかだ。もちろん、信念が大きな役割を果たしたのは間違いない。ルーシーがベインでの昇進を心から望んでいたのはもちろんのこと、自分自身が成し遂げてきたことに対するプライドや家族への影響など、昇進の意義を信じる理由はたくさんある。だが、それだけで成功できたとはいえない。ルーシーの成功は、**信念に「カスタマイゼーション」を加えたことで生まれた。**成功に必要とされる言動に自分らしさを加えたのだ。

　考えてみれば、いまはカスタマイゼーションの時代だ。ロゴマークを作るときやカフェラテを頼むときは、自分仕様にカスタマイズする。コートやジーンズをはじめ、本だってカスタマイズできるし、コンピュータやiPhoneやiPadもそうだ。自分仕様にカスタマイズしたコンピュータで作業しながら、自分好みにカスタマイズしたM&M'sやミューズリーをつまむことだってできる。消費財はいまや、万人向けに作られるものではなくなった。それは私たちの言動も同じだ。ルーシーの場合でいうと、ベインで成功する道は一つではなかった。社員全般に期待されることはいくつかある。たとえば会議の場では、発言することが期待される。だがそれは、自信をもって自分の意見をその場で共有するということであり、やり方まで決まっているわけではない。だから、**自分なりのやり方を見つければいい。**これが言動のカスタマイゼーションだ。ルーシーがベインで成功できたのも、コンフォートゾーンから踏みだして行動できるようになれたのも、まさにカスタマイゼーションのおかげだった。

言葉づかいや座る位置の影響は驚くほど大きい

ルーシーがカスタマイズしたものの一つが「**言葉**」だ。

ベインで働き始めてすぐに、ここでは他者のアイデアの欠点を指摘できないと一目置かれるようにはならないのだと悟った。それも、上司である複数のパートナーが同席する議論の場で指摘できないといけない。最初のうちは、自信たっぷりに意見を述べる若手コンサルタントたちに圧倒された。アイデアの穴を指摘するとき、彼らは「それはいただけない」といった言い方をする。指摘は的を射ていることがほとんどだが、ルーシーには恐ろしく主張が激しく断定的な物言いにしか聞こえず、とても口にできそうにない。

ところが、抵抗を感じる「それはいただけない」ではなく、**彼女に合った言い方に変えるだけで言いやすくなることに気づいた。**そこで、アイデアの欠点を見つけたときは、「それは興味深いですね。いいと思う理由を詳しく聞かせてもらえますか？」と言うようにした。これなら、言っている内容はアイデアを正面から否定する表現と基本的に同じだ。ルーシーはこの言い方ですら少し抵抗があったが、それほど自分を偽っているとは感じなかったので、この表現を使い続けることにした。

言葉のほか、座る席も自分が有利になるように意識した。ルーシーは、**会議や打ち合わせの場では権限のある人の隣、クライアントが一緒の場合はクライアントの隣に必ず座る**ようにしている。なぜかというと、クライアントが疑問を抱くと、隣に座っている人（新米コンサルタントも含む）に尋ねることが多いと気づいたからだ。隣に座りさえすれば、尋ねる相手は自分になる。複雑なアイデアをわかりやすく説明すれば、クライアントや打ち合わせを見守る上司の目に好意的に映るというわけだ。

会議や打ち合わせにおけるカスタマイゼーションは座る席だけにとどまらなかった。ルーシーは「書記」を買ってでるようにもしていた。**書記になれば、席に座らず前に出て立ち、その場で生まれたことをホワイトボード上で統制することになる。**小さいことだが、この役割を担うことで、ルーシーの存在感が強くなり、彼女自身も強くなったような気持ちになれた。

みなの前に立つことには特別な意味がある。とりわけルーシーのような新米コンサルタントにとっては、先輩コンサルタントが座っているなかペンを手に歩きまわっているだけで、力を手にしたような気持ちになれるのだ。

そうして自分好みに変えられる部分をうまくカスタマイズしたおかげで、ルーシーは昇進を手にした。

カスタマイズして自信を取り戻す

カスタマイゼーションについて理解してもらうために、さまざまな喩えを紹介しよう。まずは服の仕立てで喩えてみよう。地元のデパートへ行って新しいスーツを選ぶところを想像してみてほしい。幸運なごく一部の人は、売り場にかかっているスーツを手にとって「これにします」と言うだけで、ぴったりのサイズのスーツを手にできる。しかし残りの大多数は、自分の体型に合わせた調整やカスタマイゼーションが必要だ（私もそのひとりである）。デパートで売られているスーツは自分用に仕立てられたものではないが、そう感じるようにカスタマイズすることはできる。仕事であれプライベートであれ、コンフォートゾーンを出ないといけないと感じる状況だって、同じようにカスタマイズできる。ほかの選択肢を自分でつくればいい。新たな選択肢との違いは微々たるものであることが多いが、服のカスタマイゼーションと同じで、**ほかの人にとってはまったく意味をなさない選択肢でも、自分だけはそれによって心地よさを感じたり、強くなれたと感じたり、力が高まっ**

たと感じたりできる。

カスタマイゼーションとは何かをつかみたいときは、演技の喩えで考えるのもお勧めだ。俳優は役をもらっても、100パーセント自分をなくすことはまずしない。演じていてしっくりくるように、役を微調整するのが一般的だ。たとえば、役に大きな影響はないが自分を偽っていると強く感じるようなことがあれば、その部分をなくすかもしれない。反対に、役に大きく影響しない限り、つけ加えたほうが自信をもって落ち着いて演技ができると思うことをつけ加えるかもしれない。ちょっとした言いまわしや黙っているときのしぐさを微調整することもあれば、小道具を使うこともあるだろう。間のとり方を変えることもあれば、ほかの登場人物をかかわらせることだってあるかもしれない。いまあげたようなことは、現実の人生のカスタマイゼーションにも活かせる。自分らしさを実感したり、不安や苦悩を軽くしたり、能力や自信を高めたりするのに使えばいい。コンフォートゾーンを出て成長しよう、一皮剥けよう、限界を引き上げようとしているときほど、カスタマイゼーションが活かせる。

しかも嬉しいことに、カスタマイズすると自分の手に力が戻ったことを実感できる。難しい状況に直面すると、人は無力感を覚える。しかし、**「自分には状況を（ある程度）自分好みに調整し変えることができる」と思うだけで大きな力になる。**だから、ルーシーの例をヒントにして、カスタマイズできることに目を向けてみよう。状況をどのように変えれば自分の強みを発揮できるか、不安を軽くしたい、自分らしく行動したい、自分の能力を有効に活用したいときは自分の役割をどのように見直せばいいかと考えるのだ。そうすれば、コンフォートゾーンの外にある成功にぐっと近づける。

ウソをつくのではなく、自分なりの言い方を見つける

ルーシーのように自分の強みを発揮できるようになりたいなら、**会話のカスタマイゼーションがもっとも簡単かつ効果的だ。**要は、自分が実際に発する言葉をカスタマイズするのだ。

言葉のカスタマイゼーションによって自分を有利にする方法はいろいろある。たとえば、あなたが雇っている社員が、あなたからの褒め言葉が足りないと感じていることが発覚したとしよう。しかし、あなたは褒め言葉を口にするタイプではなく、おまけに社員の働きについても、とくに褒めたいとまで思わない。もちろん、感情を押し殺して褒めることはできる。だがそんなことをしても、自分を偽っている気がして、おそらく腹立たしい気持ちになるだけだ。それに、思ってもいないことを口にしたところで効果があるとはとても

思えない。ならばどうすればいいのか？ 言い方をカスタマイズすればいい。たとえば、社員に向かって「素晴らしい仕事」や「目を見張る働きぶり」といった最上級の褒め言葉を送るのではなく、「クライアントが君の仕事にとても喜んでいた」といった事実を伝えてはどうか。称賛はしていないが、特定の社員の特定の働きを肯定している。この言い方なら、納得したうえで伝えることができ、社員も褒め言葉として受けとるだろう。

ジェーン・レディ（士官学校の上級士官の女性だ）も、そういうやり方で言葉をカスタマイズした。若い士官候補生に向かって声を張り上げ、怒鳴りつけながら怒る同僚の態度を、彼女が心底嫌がっていたことは覚えているだろう。ジェーンにも、若い士官候補生から敬意を払われたいという気持ちはある。だがそのために屈辱を与えたくはない。そこでたどり着いたのが、カスタマイゼーションだった。若い部下を叱るときは、あまり屈辱的にならないように**言い方や声のトーンをカスタマイズ**したのだ。ジェーンは部下を叱るときに声を張り上げないと心に決め、相手に疑問を投げかける形に変えた。抑えた声で真剣に問題点を追及し、侮辱する言葉は一切使わない。ベルトのバックルを磨いていない候補生を見つけたら、「靴を磨いてベルトのバックルは磨かないことに、何か意味があるのか？ ほかに優先すべきことがあったのか？ バックルを磨いていないベルトを手に取ったのはなぜだ？」という具合に質問を浴びせるのだ。こうしてジェーンは自分のやりやすい叱り方にカスタマイズし、それによって部下から敬意を払われるようにもなった。

自分の気持ちに近い言葉を探す

もう一つ例を紹介しよう。サンギータ・グプタは、オンラインを通じてベビーシッターを手配する会社のカスタマーサービスを担当している。会社に対して不満や疑問点や怒りを抱えている利用者からメールで送られてくる苦情に対処するのが主な仕事だ。膨大な数のメールが送られてくるうえ、その多くは同じような苦情のため、特定の質問に対する「回答の定型文」が用意され、それを使って対応していた。

とりわけ多く届いたのが、利用者の登録を自動的に更新して更新料を請求するシステムに対する苦情だ。このシステムのせいで、しばらく利用していなくても、更新料を突然請求される。自動的に請求されるシステムのことを知らない利用者はたくさんいた。このシステムに関する記載はとても小さい字になっているのだ。いずれにせよ、サービスを利用したわけでもないのに高いお金を請求するのは間違いない。サンギータは、このシステムのことを快く思っていなかった。利用者が苦情を申し立てるのも無理はない。だからといって、はっきりそうと認めることはできない。彼女の回答は会社を代表するものとなるからだ。とはいえ、仕事が嫌にならないためには、サンギータ自身の意見も何らかの形で回答に反映する必要がある。彼女は板挟みになっていた。会社がとっているシステムは狡猾で、利用者が怒るのは当然だと思いながらも、彼女には何も言うことができない。

そこでサンギータはどうしたか。彼女もやはり、カスタマイゼーションを実践した。苦情に返答する文言を、会社が定めた回答に沿う内容は保ちながらも、冷たく機械的にならないようにカスタマイズしたのだ。

たとえば、回答の定型文が「ご存じなかったかもしれませんが、それが弊社のシステムでございます」となっているなら、サンギータは「システムの説明がわかりづらかったことを心からお詫び申し上げます」として「お客さまからいただいた貴重なご意見を、マーケティング部門の同僚に伝えさせていただきます」と続ける。言葉上の変化に大した違いはないが、サンギータにとってその違いは大きい。**言葉をカスタマイズすることで、心からそのメッセージを伝えていると実感できるようになった**からだ。彼女はシステムがわかりづらいことを心から申し訳なく思っていて、そもそも自動更新の記載がわかりづらいにもかかわらず、会社が定めた回答文では、利用者だけに非があると責めているような気持ちになる。回答をカスタマイズしたからといって利用者が納得するとは限らないが、サンギータは利用者の苦情を申し立てた気持ちを汲んで答えていると実感できているし、彼女自身の気持ちが回答に含まれているのは間違いない。

自分のなかでの納得度を高める

コンフォートゾーンから踏みだすときに自分の発する言葉を自分らしくカスタマイズする人の例を紹介してきたが、現実にはもっと「緩い」カスタマイゼーションもある。発する言葉を一言一句決めることはしないが、**よくわかっていて話しやすい話題に会話をもっていく**のだ。自分の強みを活かすことができれば、つらくてできないと感じることでもできるようになる。

ブレンダ・データーがまさにそうで、いまでも緩いカスタマイゼーションを実践している。彼女は家族ぐるみでつきあいのある私の友人のひとりで、自閉症やアスペルガー症候群の子をもつ親のために『Parenting without Panic（パニックにならない子育て）』という本を執筆した。ブレンダは、「専門家」としてふるまわないといけないことを苦痛に感じていた（私も同じだ）。本を書いたのだから、その分野の専門家だと思われるのはごく自然なことだが、世の中の複雑さを鑑みれば本当に何かの専門家になれる人はほとんどいない。それを思うと、とても自然なことには思えない。とくにブレンダの場合は、子育ての専門家としてふるまうことが苦痛だった。自分以外の人が子育てで経験する実態を理解するなど、とうてい不可能だからだ。子育てに関する一般的なアドバイスなら提供できるし、アドバイスの効果には自信があるが、「専門家ならではの知識」の提示を求められることが彼女にとって苦痛なのだ。

執筆した本のプロモーションについてPR会社と打ち合わせをしたときも、「専門家」としてふるまう必要があると言われた。子育ての専門家であるという立場を明確に示したうえで、世の中すべての親の代弁者になれということだ。ブレンダはすべての親の代弁者になりたくなかった。いったいどうすればなれるというのか。しかも、発するメッセージの大半は、１４０という文字制限のあるツイートになるという。子育てで経験することは、それも子どもが障害を抱えていればなおのこと、その親子にしかわからない。だから、大勢に向けてキャッチーな「見識」を発信しても何の意味もない。はっきりいって、そういうことをしないと専門家になれないなら、ブレンダはとても専門家になれない。

当然ながら、ブレンダは難しい状況に追い込まれた。本（それも良書）を執筆したのだから、身を隠すような真似はしたくない。だからといって、自分が自分でないと思えるようなこともしたくない。この板挟みのなかでブレンダが見いだした答えが、この章で語ってきたことだった。カスタマイゼーションを使ってどちらも手にすることに成功したのだ。

自身のアドバイスや見識を披露することで、彼女自身や出版社が望んだように、子育てという重要なテーマにおける第一人者になることができた。ただし、披露する内容はブレンダ自身が納得できることだけとした。そうして試行錯誤を繰り返すうちに、読者にアドバイスを送るときは、自身の経験について語るのがいちばんだと気がついた。

ブレンダには共有できるエピソードがたくさんある。彼女にもアスペルガー症候群の子どもがいる（ほかにもふたりの子どもがいて、そのうちのひとりは不安神経症とADHDに苦しんでいる）ので、彼女が実際に経験したことや役に立った話は、信憑性があってデリケートな話ということになる。それに、自閉症とアスペルガー症候群の子どもを支援する地域団体の代表を務めているので、実体験以外にも共有できる話がたくさんある。そういうエピソードや**実体験を踏まえた見識なら、披露するときに自分を偽っているような気持ちにならない**。このことが、ブレンダにとっては何よりも重要だった。

得意なことで苦手なことをカバーする

レスリー・メーカーもまた、カスタマイゼーションをうまく活用したひとりだ。といっても、ブレンダの活用の仕方とはずいぶん違う。レスリーはニューヨーク州出身で、ネットビジネスで大成功を収めている起業家だが、数字が大の苦手だ。「ベンチャー投資家のもとへ自社をアピールしに行っても、私には、LTV（顧客ひとりが取引期間を通じて企業にもたらす利益）やCAC（顧客ひとりを獲得するのにかかるコスト）がよくわかりません。投資家には、この二つのことしか話したがらない人が多いのは確かです。でも、私が得意とするのはアイデアの創出です。私はとにかく何でも読むので、美術や物理、ポップカルチャーなどジャンルを問わず詳しいですし、普通は結びつかないようなことを結びつけるアイデアならいくらでも出てきます」と彼女は私に言った。

面談の場では投資家に好印象を与える必要があるとわかっているが、数字の話はせず、思いついたアイデアを次々に話すという。「私の事業と何かを結びつけて、誰も聞いたことはないけれど興味を惹かれるアイデアを語ります。たとえば、テレビの人気番組で起こったことをまず話題に出して、そこからヘリコプターでの移動を手配する会社が新たにニューヨークにできたことへと話を広げます。そのうえで、その二つと私の事業が他社と一線を画す要素を結びつけるのです。従来のやり方とは違いますが、これで好印象をもってもらえます」

自信が手に入る「パワーポーズ」

ボディランゲージを使って状況を有利にカスタマイズするケースもよく見られる。ここでいうボディランゲージは、立ち居ふるまいや姿勢なども含まれる。アニー・ジョーンズはこれを使ってリック・シュミッツのオフィスに乗り込んだ。何の予告もなく彼のオフィスに入っていって後ろ手にドアを閉めたのだ。こうすれば、「真剣な話がある」ことが、そうと言わなくてもリックに伝わる。また、乗り込む心構えができたのもボディランゲージのおかげだった。リックのオフィスに向かう廊下を歩くときから堂々と胸を張って歩くことで、アドレナリンを放出させて勇気を最大限に奮い立たせたのだ。そしてオフィスに入ってからも、彼女のボディランゲージは続いた。腰に手を当てて仁王立ちになったかと思うと、リックの机に両手をついたという。

アニーからこの話を聞いたとき、私は驚くとともに、あんなに怯えていた彼女がこれほど自信に満ちた態度をとれるようになったことに感心したが、アニーは虚勢を張っただけだと言った。彼女はどうしてもリックに面と向かって話がしたかったし、そうしないといけないと強く感じていた。しかし、乗り込んだときの態度とは裏腹に、リックと向き合う自信はなかった。その証拠に、机に手をつくという「パワーポーズ」をとったのは、緊張のあまり倒れるのが怖かったからだったという。机に手をつけば、身体を支えられる。

アニーは意識していなかったかもしれないが、**ボディランゲージを変えたことで、リックに対して自信に満ちた印象を与えただけでなく、彼女にも自信が生まれ、強くなったような気持ちになれた**と思う。そういう気持ちになれば、当たり前だといわんばかりに自信に満ちた立ち居ふるまいを自然ととれるようになる。この状況をまさに言い表した一節がミュージカル「王様と私」に出てくる。シャム王に仕えることになり不安を抱える息子に向かって、主人公のアンナは次のように語る。「怖いと感じたときは、顔を上げて陽気なメロディを口笛で吹けば、怖がっていることは誰にもわからない。本当に不思議だけど、自分は怖がっていないとみんなを欺くと、自分も怖くなくなるのよ」

これについては心理学的にも研究されていて、ハーバード大学教授のエイミー・カディ、カリフォルニア大学バークレー校教授のダナ・カーニー、インシアード教授のアンディ・ヤップが、アニーのように机に手をつくといった**「パワーポーズ」をとるだけで、体内で一時的に「パワーホルモン（テストステロン）」が増加し「ストレスホルモン（コルチゾール）」が減ることを実証している。**ホルモンバランスが変わることにより、強くなったと感じるとともにリスクをとることへの抵抗をあまり感じなくなるので、仕事の面接といった状況での対応力が向上する［＊1］。アニーの場合は、リックの前で彼の机に手をつくポーズをとっただけではない。彼のオフィスに向かって廊下を歩くときから堂々としていた。しっかりと手を振って胸を張って歩いたことも、助けになった可能性が高い。窮屈な姿勢で座っているだけで（例：小さすぎる椅子に座る、机に前かがみになる）、アニーのように「開放的な」姿勢のときと比べてストレスを感じ、自分の強さをあまり実感しなくなるという。

パワーポーズは効果的だが、コンフォートゾーンを出て行動するときに役立つボディランゲージはほかにもある。ときには、言いづらいことを言わないといけない場面で、ボディランゲージによって言いたいことを伝えられることがある。目上の人に話しかけるのが苦手なウェンディ・ロッジは、会議の場で発言するときにボディランゲージを活用した。まずは、手を挙げた。学校と違って「あてもらえる」ことはないとわかっているが、彼女の狙いはほかにある。手を挙げることは、言いたいことがあるという意思表示になる。その後もう一度手を挙げた。今度は机から身を乗りだすようにして、指を1本立てて天井を指したが、言いたいことがあるとはやっぱり口に出さなかった。ここまですれば、彼女の意図が伝わって、誰かから声をかけてもらえる。ウェンディは、**何も言わず動きをカスタマイズすることで、自分が望む結果を手にした**。ついでにいうと、手を挙げる作戦はのちに使われなくなった。時間がたつにつれ、会話に割って入ることに抵抗がなくなり、同僚たちと同じように発言できるようになったのだ。とはいえ、少なくとも最初のうちは、口に出さずに意思表示をするボディランゲージがコンフォートゾーンから踏みだすうえで役に立っていたのは間違いない。

自分なりの「タイミング」をつくる

抵抗を感じることをやりやすくしたいなら、タイミングもまた重要な要素となる。タイミングをカスタマイズする方法はいろいろある。特別つらいと感じる仕事に取り組むときは、一日のうちでいちばん取り組みやすい時間を選んだり、取り組みやすい曜日を選んだりすればいい。つらい仕事に取り組むタイミングをほかの仕事に優先して決めることや、大きな仕事の難しい部分を最初や最後にもってくることだってできる。ウェンディ・ロッジは、「事前打ち合わせ」を通じてタイミングをうまく味方につけた。**プレッシャーのかかる会議の場で発言する前に、決定権をもつ人たちに自分のアイデアを聞いてもらうことにした**のだ。いわば、アイデアの「耐性テスト」をしていると思えばいい。一対一のほうが批判や異議を素直に受けとめられるし、もらった意見を参考にしてアイデアの修正や改善もできる。会議の決定権をもつ人たちは、事前にウェンディからアイデアを聞かされているので、彼女に発言したいことがあると知っている。おかげで、ウェンディは自信をもって会議に臨めるようになった。

ウェンディがタイミングをうまく味方につけることができたのは、新参者である**自分がいちばん力を発揮できるタイミング**を知っていたからだ。特定の状況下にあって、自分がいちばん力を発揮できるタイミングを知っていると、コンフォートゾーンからはずれる何かをするときの言動をカスタマイズしやすくなる。その何かに締め切りがなければ、タイミングの活用はさらに効果的だ。実際、「必要悪」に関する調査の一環としてアパレル会社のマネジャーから話を聞いたとき、誰かに解雇を言い渡すのは、個人的にいちばん力がみなぎって頭が冴えていると実感できるタイミングで行うと答える人が多かった。そのタイミングは人それぞれで、ヨガやジョギング後がいいという人もいれば、楽しめてエネルギーをもらえることを前後に行うという人もいた。また、解雇を言い渡した後は何もできなくなると自分でわかっていながら、あえて「ミーティング」を設定するという人もいた。このミーティングの相手は実は彼自身で、この時間を使って社の敷地内を散歩しながら冷静さを取り戻すのだ。

パーティやイベントを楽しむためのコツ

解雇以外の例も紹介しよう。気疲れのする交流イベントにタイミングを活用する人も多い。交流イベントが大の苦手だというマネジャーのひとりは、会場へわざと早く行くという。**大勢が集まる前に行っていれば、比較的少人数の人と打ち解けることから始められるからだ**。そうして会場に溶け込んでいくうちにストレスが軽くなり、交流イベントそのものを前向きにとらえられるようになる。作家でマーケティング業界をリードするドリー・クラークもまた、タイミングを活用するひとりだ。人脈づくりと自己改革のプロである彼女は、個人的な経験を通じて人々に刺激を与え啓蒙する記事をよく書いている。先日は、自分のためにタイミングを積極的に活用することについて書いていた。ここで紹介しよう。

私の体内時計はいたって正常だが、絶対に朝型人間ではない。仕事を始めたばかりの頃は、500人規模の朝食会に律儀に出席していた。この仕事をする者として、それが「当然」だったからだ。でも、定刻に会場入りするための6時起きが一日を台無しにしていると気づき、一切行かなくなった（早朝のエクササイズも同じ理由でやめた）。
内向的な性格の人が交流イベントに出席するときは、意識を少し改めることになる。

交流は楽しいが、自分を「オン」にする必要があると自分に言い聞かせないといけない。疲れているときに、そんな重荷を抱えたくはない。いまでは、**重荷を抱えずにすむように、朝8時前や夜9時以降のミーティングはすべて断っている。**

ドリュー・ライオンズもまた、興味深いやり方でタイミングを活用している。覚えている人もいると思うが、本書の最初のほうで紹介した、交流イベント恐怖症の環境コンサルタントだ。ドリューはその種のイベントに居心地の悪さを感じるだけでなく、そもそも自分がそういう場に行かなければならないことに憤っていた。しかし、タイミングの活用で苦痛を和らげているようだ。ドリューはとりとめのない話をするのは大嫌いだが、カンファレンスでスピーチをするといった実のある話をすることは心から楽しんでいた。話し手に選出されなかったときでも、質疑応答の時間に必ず一つか二つ質問をして自分の存在を周囲にアピールする。それは決して自分の仕事を売り込みたいからではない。示唆に富む発言をしたいからであり、根拠のある意見がちゃんとあるからだ。ドリューの場合は、**カンファレンスなどの質疑応答では最初のほうで質問し、その恩恵に後からあずかる**という形でタイミングを活用する作戦だ。質問をすると、彼のことや彼の発言を出席者に覚えてもらえる。その場にいる人の尊敬を集めることができるのはもちろんだが、この作戦を通じて、交流イベントとはそもそも会話をするためのものだと自然に思えるようになったことも、彼にとっては大事なことだった。

緊張に打ち勝つための時間をつくる

準備や練習のために時間を有効活用している人も多い。「必要悪」に関する調査を通じて、**さまざまな職業の人が仕事の腕を上げるための準備の時間を設けている**ことが明らかになった。医師は急患を想定したシミュレーションで処置を練習し、ときには医師同士で互いの練習台になることもあるという。企業の管理職は、同僚や人事部の責任者を練習相手にしていた。立ち退きを執行した警察官は、執行する際に何をし何を言うかを、警察署でも現場へ向かう車のなかでも繰り返し練習していた。このように、当たり前といえば当たり前だが、本書のために話を聞かせてもらった人の多くが、練習をすると不安が和らぎ、技術が仕上がると答えた。ネットビジネスで成功を収めているレスリー・メーカーは、知り合いのベンチャー投資家を前に投資家へのプレゼンを練習するという。親友の解雇で頭を悩ませていたリリー・チャンは、その状況を知って葛藤から抜けだすことをリリーに諭してくれた親しい社員の前で、親友ジュリアへ解雇を言い渡す練習をした。

また、**自分に有利なように状況をカスタマイズするために、ものごとにあたる前に心構えをつくる時間を設けるという人も多かった。**調査に協力してくれたマネジャーの多くは、事前にトイレで発言の練習をするという。それによってマネジャーとしてのスイッチが入るようで、なかには仮面をかぶるという表現を使う人もいた。発言する前の準備といえば、レスリー・メーカーはベンチャー投資家にプレゼンする前にウイスキーを1杯飲むことが多いと言っていた。緊張をほぐすためらしく、『アトランティック』誌のスコット・ストッセルも同じことを語っている。彼の場合は、イベントを乗り切る目的で、アルコールと抗不安剤を事前に一緒に飲むようだ。彼の言葉を紹介しよう。

あなたが聴きに来ている講演のスピーカーが私だとしよう。その講演の準備として、私はたぶん次のようなことをしたと思う。まず、講演の4時間くらい前に、最初のザナックス（抗不安薬）を0・5ミリグラム飲んだ（開始時間にもっと近くなってから薬を飲んでも、闘争・逃走反応が過熱状態になって薬の効果が十分に発揮されない）。そして1時間前になったら、ザナックスをもう0・5ミリグラムと、たぶんインデラルも20ミリグラム飲んだと思う（ザナックス1ミリグラムとインデラルは講演前に欠かせない。インデラルは血圧を下げる薬で、β遮断薬という名でも知られる。交感神経系の反応を抑制する効果があり、人前に立ったときに不安から生じる反応――発汗、震え、吐き気、げっぷ、胃のむかつき、喉や胸の締めつけ感など――が身体に現れるのを防いでくれる)。どの錠剤も、たぶんスコッチで流し込んでいる。いや、ウォッカの可能性のほうが高い。ウォッカならあまり酒臭くならない。ザナックス2錠とインデラル1錠だけでは、頭のなかを思考が駆け巡るのは静まらないし、胸や喉の締めつけ感も、話ができるまでには緩まらない。頭のなかを落ち着かせ、薬で抑えられない物理的な症状を緩和するには、アルコールが必要なのだ[＊2]。

会話のきっかけをつくるカスタマイゼーション

俳優は小道具を使って舞台上で役になりきるが、**私たちも小道具を使って自分の言動をカスタマイズできる。**ジェニファー・コーヘンは小道具をうまく活用したひとりだ。若きラビである彼女は、2倍以上年が上の療養患者を訪ねて心のケアをすることに難しさを覚えていた。ジェニファーはもともと内向的な性格だ。それに、年配信者のそばにいて役に立つことがしたいと心から思っているものの、彼らのプライバシーに踏みこむことに激しい抵抗があった。彼女が抱えていた葛藤はこれだけではない。病室に入ったときに、何と声をかけていいのかもわからなかった。そこには、初対面となる75歳〜80歳の女性がいる。ひとりでぼんやり座っていたり、何か食べていたり、テレビを観ていたり、寝ていたりするところに入っていき、そばにいて女性が必要とすることを提供するのがジェニファーの役目だということはわかっている。だが、彼女たちが何を必要としているのか、ジェニファーにわかる自信はなかった。それに、有意義な交流となるようなことができるとも思えなかった。

何カ月ものあいだ、ジェニファーは何をしていいのかわからなかった。恐る恐る病室に入っても、はっきりいって気まずい。訪問しているというよりも、相手のプライバシーに踏みこんでいるような気持ちだった。その場にいてかまわないと言われても、沈黙の間をどんな言葉や行動で埋めていいのかわからない。だがその後、その困難な状況をカスタマイゼーションによって打開できることに気づいた。ジェニファーのいうカスタマイゼーションは、「魔法のカバン」を持参することだった。先輩ラビからアドバイスをもらい、**会話のきっかけとなるものをカバンに詰めて持っていくようにした**のだ。たとえば、自分が読みかけの本や訪問相手が喜びそうな本、カードゲーム、ろうそくや祈祷書やキドゥーシュ(安息日や祝日の祈り)用のカップといった宗教儀式にまつわるものなどだ。ときには焼き立てのカラ(安息日や祝日に食べる伝統的なパン)を持参することもあった。魔法のカバンには驚くべき力があった。ジェニファーの気まずさが解消されただけでなく、訪ねた人と親しい関係を築けるようにもなったのだ。もちろん、相手が気まずく感じない距離感を保った関係だ。

コンフォートゾーンの外を怖がらないための工夫

小道具を使った言動のカスタマイゼーションでも珍しい例を紹介しよう。先に紹介した金融機関で働くロジャー・エヴァンスを思いだしてほしい。大手の会社にいたときは彼ひとりにプロジェクトの管理を任されていたのに、転職先では何をするにも社内で「根回し」をしないといけないことに苛立ちと憤りを強く感じていたあの男性だ。ロジャーは最初、自分が変わらないといけないことにかなり怒っていた。彼ひとりでプロジェクトを進めるほうが、ずっと効率がいいからだ。しかし、彼が変わることの意義――新しい会社に馴染み、新しい会社で成功を収めることができ、協調性が磨かれる――を信じる気持ちがようやく強く育ち、ロジャーは変わろうと思うようになった。しかし、どうすれば変われるのか？

うっかりまた間違った行動をとりたくはないし、周囲に誤解されたくもない。協調性を重んじる世界に自ら踏みいるべく、ロジャーはほかの人と一緒に仕事がしやすくなるツールを独自に作った。それは「ロジャー・エヴァンスの扱い方」というタイトルの文書で、彼が不快に思うことや好きなこと、改善に向けて努力していることなどが詳細に記されていた。要するに、ロジャーと一緒に働くうえで知っておく必要のあることをまとめたガイドブックを自分で書いたのだ。彼の好きなフォントや書式から、ロジャーの言動を読み解く「コツ」まで網羅されている。例を紹介すると、「イライラしているように見えても、実際には嬉しくて興奮していることがあるので、どちらかわからないときは率直に尋ねてほしい」とある。自分の扱い方を記したガイドブックなどあまり聞いたことがないが、結果的にはロジャーの目的を見事にかなえてくれた。このガイドブックが、上司や同僚としての協調性を高めるための「足場かけ」となったのだ。

私の調査に協力してくれた人の話を聞くと、**小道具を使うとコンフォートゾーン外のことがしやすくなるという人は多い**。小児科医は、子どもが治療を痛がったときのためにシャボン玉を用意しているという。企業のマネジャーは、解雇を言い渡す部屋にティッシュやキャンディを用意するほか、宣告するときの最初の数行を原稿にしている。そうすれば、伝えないといけないことを伝えそびれることがないし、その後に続く会話も自発的に続けられる（その後も自分の言葉で会話を続けられるのが理想だ）。立ち退きを執行する警察官は、立ち退かせる人への敬意を込めて、ミルクや水、サンドウィッチなどを与えることがあるという。組織の決まりに反するが、立ち退かせる人のほとんどは、そういった最低限の生活必需品にすら困っているので、喜んで受けとる。

しっくりくるものを身につけるだけで集中力は高まる

有名人のなかにも、コンフォートゾーン外の行動をとりやすくするために小道具を使っている人がいる。ドラマ「となりのサインフェルド」の共同制作者で、「ラリーのミッドライフ★クライシス」の脚本と主演を務めるラリー・デイヴィッドの例を紹介しよう。彼は芸術性を高めたいとの思いから、自分で脚本を書いた舞台に出演すると決意した。舞台に立つのは、なんと中学のとき以来だ！　ブロードウェイでの開幕に先駆けて受けたインタビューで、ラリーは舞台に立つのが怖いと告白している。トーク番組「レイト・ショー・ウィズ・デイヴィッド・レターマン」では、デイヴィッド・レターマンの前で「ドキドキして怖くてたまらない。本当に死にそうだ。デイヴ、頼むから助けてくれ。どうか助けてくれ！」と叫んだ［＊3］。また、舞台稽古の最中には、演出家のアナ・シャピロが舞台袖で汗だくになってセーターを大慌てで脱いでいるラリーの姿を目撃している。アナ曰く、ラリーはアナに気づくと「なんだってこんなことができる？　みんなどうやっているんだ？　冗談じゃないよ、まったく！」と言いだしたとのことである［＊4］。

ラリー自身が脚本を書いたとはいえ、実際に演じるのはとてつもなく難しかった。とくに、台本に書かれていることからはみ出さないようにすることが大変だったようだ。「ドラマとはまったく違う。『ラリーのミッドライフ★クライシス』では、自分の好きなようにものを言い、行動する。そのときにしたいと思ったことが自由にできる。ほかの登場人物が話しているときに、横から口を挟んだっていい。ドラマの台本は、実際に演じながら書いているようなものだ。だが舞台はまったく違う。自分の台詞は決まっているし、ほかの俳優に台詞や動きを促す動作やしぐさも絶対に無視できない。要するに、台本どおりにしないといけないのだ。台本からはずれたことをすれば、ほかの俳優にも嫌がられる」と述べている［＊5］。また、舞台で演じることはコンフォートゾーン外だったかという質問には、次のように答えていた。「そのとおりだ。自分にコンフォートゾーンというものがあるとすれば、かなり狭い範囲でしかないが、舞台で演じることは間違いなくゾーン外だよ」

最終的に、ラリーが抱えていた舞台に立って演じることへの大きな不安は解消された。それに一役買ったのが小道具たちだ。彼は、**自前の服を着て舞台に立つようになった**。用意された衣装を着たときに、これは自分ではないと感じたのだ。NPR（ナショナル・パブリック・ラジオ）のインタビューで、彼はインタビュアーのメリッサ・ブロックに「衣装を全部試してから、『自前の服でいいんじゃないか』と言った」と話している。「するとスタッフは『ダメです。できません。舞台で自前の服を着る人はいません』と言う。でも僕は、『僕は自前の服でいく』と言って譲らなかった」［＊6］。**このちょっとした変更のおかげもあって、コンフォートゾーン外の仕事に対する苦痛が少し和らいだ**のだろう。最初はあれほど怖くてたまらなかったのに、最終的にはブロードウェイでの公演を多少は楽しめるまでになったようだ。その証拠に、演出家のアナは次のような言葉を残している。「ずいぶん『文句』を言っていたけれど、あんなにイキイキと目を輝かせたラリーは見たことがない。彼は演技をするフリじゃなくて、ちゃんと演技をしていた」

ラッキーチャームの力を借りる

人前で話すことが苦手な私は、さまざまな小道具を使って苦手意識を克服しようとした。なかでも、言おうと思っていることを実際に話すとおりに一言一句書き起こしたメモは、ずいぶん長いあいだ、カンファレンスやビジネススクールでの講義のときなどに必ず持参していた。メモをそのまま読み上げることはなかったが、かなり世話になったのは確かだ。俳優が覚えたての台詞を練習するときに台本を手にしているようなものだが、私の場合は練習ではなくやり直しのきかない本番だ。**壇上にのぼっても、メモを持っているだけで気持ちがラクになった。**後になって思えば、メモのおかげでコンフォートゾーンにいる感覚を保てたのだと思う。

回数を重ねるうちに、人前で話すことに自信がもてるようになった。メモは一切見ず、聞き手の反応に目を向けられるまでになったので、次の講演はメモを持たずに挑むと決めた。そのとたん、私は怖くなった。メモを持たずに話したことは一度もない。言いたいことがわからなくなったらどうしよう。気を失ったらどうしよう。本当に自分にできるだろうか？　実際のところ、次の講演はメモなしでも無事に終えることができた。ただし、自信をつけるため、その講演から特別な指輪を必ず身につけていくようになった。その指輪には、私の大おじが第二次世界大戦時に南太平洋の砂浜で拾った虎目石がついている。戦争が終わってアメリカに戻ってくると、大おじはその石をシンプルな銀の指輪の台座にすえた。私は家族と一緒に大おじのもとを訪ねるたびに、その指輪を見せてもらっていた。だから、譲り受けたときは本当に嬉しかった。こんなに素敵な指輪はほかにないと思っていたし、いつしか勝手にその指輪を「闘い」と結びつけていた。その指輪は私にとっては勇気の象徴なので、メモなしで講演に臨むときに必ず身につけるようになったのだ。何年も身につけていたが、指輪がもつ意味を誰かに話したことはない。かなり目立つ珍しい石なので、指輪について尋ねられることはよくあったが、私は決まって大おじの話しかせず、指輪の意味は絶対に言わなかった。おもしろいことに、メモなしで話すことがすっかり当たり前になると（いまでは講演によって観客のタイプが違うことにも慣れた）、なぜか指輪をつけなくなった。

この指輪のような、いわゆる「**ラッキーチャーム**」を使ってつらい仕事を乗り切ろうとする人は私だけではない（だから私は決しておかしな人ではない）。『サイコロジカル・サイエンス』誌に掲載されていたドイツ人研究者の調査によると、「あなたが使っているゴルフボールはラッキーボールだ」と言われた人のほうが、そう言われなかった人に比べてパターを成功させる確率がはるかに高かったという（ゴルフでもっとも神経を使うのがパターだ）［＊7］。**難しい場面に遭遇したときにこの種の迷信を活用すると、自信が高まり粘り強くなれる**。メモを持たずに人前で話すことに抵抗のあった私が指輪の助けを借りたのと同じだ。だからといって、一つの指輪にすべてを託そうとする必要はない。理想をいえば、コンフォートゾーンを出て行動する勇気を自ら出せるようになってほしい。指輪のように、いつかなくなってしまうかもしれないものの魔力を借りるのではなく、自分の力でゾーン外に出られるようになるのだ。ラッキーチャームに頼りすぎるのはよくないとはいえ、指輪を身につけることで不安が軽くなったことは否めない。それに先にも述べたように、いまでは指輪は必要なくなり、もう身につけることはない。

緊張しない「環境」をつくる

小道具を使うだけでなく、**状況そのものを自ら演出して成功しやすい条件を整えることもできる。**たとえば、ヴァージン・グループのリチャード・ブランソン会長が講演をするときは、従来どおりではなく自分に合ったやり方で行う。それは、客席にいる人々にも思ったことを正直に言ってもらうというものだ。そうすることで、彼自身の緊張をほぐすことになるという。「25分間一方的に話すのではなく、気楽に質問できる時間にしようといつも心がけている。そのほうが緊張しないし、客席のみなさんにとっても、じっと座って『あの話が聴きたいのに』と思っているより好きなタイミングで質問できるほうが、得るものが多い」

風刺作家のマーク・トウェインは、人前で話すことが大の苦手だったことでも知られる。そんな彼は、自分のジョークで笑うとわかっている知り合いを聴衆に紛れ込ませていた。

彼が実際に講演で話した一節を紹介しよう。

私は、味方をしてくれる友人を客席にたくさん紛れ込ませて、客席のあちこちに味方のグループをつくっておいた。彼らは、私の言葉を聞いて客席を笑わせたいのだと察知したら、床を踏み鳴らして盛り上げる手はずになっている。また、上部のボックス席にも親切なご婦人が座っている。彼女も私の友人で、州知事の奥方だ。彼女は私から片時も目を離さないことになっていて、私が彼女のほうを見たら知事に笑い声をあげさせる。そうすれば、客席全体が盛り上がる。

緊張するイベントに知り合いを呼ぶというのは、つらい状況を自分に有利にカスタマイズするときによく使われる手だ。ネットビジネスを興したレスリー・メーカーも、ベンチャー投資家と話をするときに社交的な同僚を一緒に連れていくことがあるという。雑談が好きそうな相手の場合は、必ず同行させる。レスリーは雑談があまり得意ではないし、天気や通勤についての話し方を練習するくらいなら、商品のプレゼンの準備に時間を使いたいと思っているのだ。

状況の演出は医療業界でも重視されている。患者にガンを宣告するときなど、悪い知らせを伝える状況ほど演出がカギとなる。テレビドラマ「マッドメン」のファンなら知っているると思うが、1960~1970年代では、ほとんどの医師がガンの宣告を非道なことだと思っていた。もちろん近年ではそうした見方は変わっていて、医師たちは悪い知らせを伝えるときの最善策を必死で探っている。伝える状況の演出についての決まりごとも、その一環としてまとめられている[*8]。いまの医師は、悪い知らせを伝えるときにプライバシーが保てる場所を確保するようにと教わる。個室を手配するのが理想だが、できなければ患者のベッドを囲むカーテンを引く。患者が泣きだした場合に備えてティッシュも用意する。また、悪い知らせを伝える前に、その場に家族や大切な人を同席させたいか尋ね、伝えるときは患者と同席者に着席を促すようにとも教わる。着席を勧めると、手短に会話を終わらせるつもりはないという意思表示になるし、座ると患者がリラックスできるからだ。ほかにも、説明にかかるおおよその時間や、説明の途中で邪魔が入る恐れの有無なども事前に患者に伝えておくようにと教わる。

置かれた状況を自分流に演出する

自分の座る（立つ）位置を自分の望むようにするだけでも、言動はカスタマイズできる。

たとえば、積極的に輪に入っていく性格でない人が、ハーバード・ビジネス・スクールに入学して授業を受けるとしよう。輪に入っていけない性格とはいえ、クラスに馴染んで教授やクラスメイトに覚えてもらうためには、恐怖心を取り除いて輪に入っていくしかない。この状況に直面した同僚のジェナは、座る位置のカスタマイゼーションを活用した。

ジェナの実務経験はハーバード・ビジネス・スクールのクラスメイトより比較的浅く、おまけに人見知りで、前に出ることもなく口数も少ない。当然ながら、授業中に発言できずに苦労していた。ハーバードもご多分に漏れず、授業中の発言が成績に大きく反映される。それに、授業中に何ひとつ発言しないでいるのは恥ずかしい。教授はもちろん、将来的に自分の人脈となりうるクラスメイトによい印象をもってもらいたいのだから、恥ずかしさもひとしおだった。

ジェナは完全に追い詰められていた。自分には、発言するかしないかの二択しかないと思い込んで怯えていた。だが彼女は本気で何とかしたいと考え、自分はリサーチ畑出身なのだから、クラスメイトたちとは違う視点があるかもしれないと思い至った。そこで実際に試してみることにした。ただし、それには状況のカスタマイゼーションを伴った。何をしたかというと、**教室の最前列に座るようにした**のだ。理由は二つある。一つは、発言する勇気がわいたときに、教授に気づいてもらいやすいから。もう一つは、ほかのクラスメイト80名を見ずにすむからだ。後者の理由のほうが彼女にとっては重要だった。最前列に座れば、自分と教授だけのような気持ちになれる。もちろん現実には、会話に参加しようと手を挙げている80名の生徒がいるのだが。

このように、状況を演出する方法はいろいろあり、演出することで自分の言動が変えやすくなる。状況を自分で演出するたびに、コンフォートゾーン外だった状況をゾーン内に引き入れられるようになる。自ら状況を演出することで、その場を支配する力が手に入るのだ。

第5章

ひっこみ思案な自分を変える科学的方法③

マインドリセット――偏った頭をすっきりさせる

リンダ・ロジャースは、自宅で始めた旅行代理店ビジネスに人脈づくりが重要になるとは思ってもみなかった。長年にわたって旅行代理店に勤めていたが、5歳に満たない子どもをふたり抱え、夫はフルタイムで働き詰めのため、辞めざるをえなかった。自宅で仕事を始めた当初は、完璧だと思えた。朝になると、夫に「行ってきます！」と言ってキッチンからリビングのテーブルへと移動するのをおもしろがっていた。史上最短の通勤時間だ。ところが、小さな事業を実際に運営するうちに、リンダがずっと恐れていたことをやらないといけないことに気がついた。自分のビジネスの売り込みだ。そこから彼女の苦難が始まった。

リンダはもともと内向的な性格だ。それに謙虚で、人前にもあまり出たがらない。自慢話があまり好きではなく、自分のアピールや売り込みもしたくない。とにかく人前で話すことが本当に苦痛なのだ。だから、売り込むチャンスがあっても、「いまは忙しいからできない」や「ウェブサイトやソーシャルメディアのほうを充実させる必要がある」と自分に言い聞かせていた。ここまで読み進めたみなさんならお気づきのとおり、リンダは初歩的な回避のテクニックを使って売り込みを避けているのだ。そればかりか、彼女に代わって大学生のインターンを会社の代表としてイベントに出席させたことも何度かある。リンダは「ビジネスにとって交流イベントや売り込みの機会はそれほど重要ではない」と自分に言い聞かせ続け、その結果、避けるのが正解だと信じ込むようになったのだ。だが、現実に重要であることは変わらない。リンダのビジネスは、軌道に乗るのにずいぶんと時間がかかった。そうなった原因は、リンダが自分自身を直視せず、本当なら力を注がないといけなかったことを避けてきたことに直結している。自分を直視するというのは、コンフォートゾーンから出るのが怖くて不安で、それを必死で避けてきたことを事実として認めるということだ。それができなければ、前に進める可能性は限りなくゼロに近い。

自分が逃げていることを知る

コンフォートゾーンから出て行動するには、出るとっかかりとなるものがないといけない。リンダに必要なのもまさにそれで、そのとっかかりとなるのが「マインドリセット」だ。**思考を一度リセットして、ゾーン外のことを避けているという事実を認識し、どのように避けているのか、避けるのは極めて合理的な行動だとしてどのように正当化しているのか、といったことを明確に理解する必要がある。**人は、コンフォートゾーンから出ないですむよう自分を守ろうとするところがある。マインドリセットは、自分のそういう部分への対抗手段だと思えばいい。思考をリセットして事実を認識することは、自分自身を正直に振り返ることである。現状の自分をありのままに見つめ、本音の感情（恥ずかしいと思う感情も含む）と、ゾーンから出るのを避けるためにとっている行動をすべて洗いだすのだ。

たとえば、上司と1週間話さなかったのはたまたま機会がなかっただけだと自分に言い聞かせている人がいる。だが、はたしてそうだろうか？　リーダーとしての新たな職務を任せたいと言われるのが怖かったからではないか？　人前で話す機会をまたもや辞退した人は、忙しいからでも、キャリアにとってさほどプラスになると思えないからでもなく、壇上に立つのが怖いからではないか？　**自分自身を見つめて欠点を認めるのはつらい。し**

かし、これをしないことにはコンフォートゾーンから出られない。デール・ウィンブローの「鏡に映るやつ」という有名な詩でも、次のような一節がある。「懸命に生きるなかで望むものが手に入り、王様になったと思ったら、鏡のところへ行って自分を映せ。そしてそこに映るやつの言い分を確かめろ。（中略）人生の途中で出会う人をすべて欺き、すれ違うときに称賛をもらうことはできるかもしれない。だが鏡に映るやつを欺けば、最後に待ち受けるのは傷心と涙だ」

歪んだ思考を払いのける

マインドリセットは、回避の対抗手段となるだけではない。心理学者のあいだで「歪曲」や「誇張」と呼ばれる思考にとらわれないための対抗手段にもなる。たとえば、いつもの打ち合わせだと思って上司のところへ行ったら、新設される重要なポジションに就くことを打診されたとしよう。あなたは驚くと同時に不安でもある。家に戻ると、不安を煽るような考えが脳内を駆け巡る。「自分をそんなポジションに就かせようとするなんて、会社は何を考えているんだ。自分にできるはずがない。成功できるとはとても思えない」。**歪んだ思考や誇張された思考にとらわれると、当たり前にある恐怖心が耐えられないレベルに**

まで増大してしまうのだ。

こうなると、難しいまたはつらいとしか思っていなかった仕事が「不可能」にしか思えなくなる。「最初のうちだけ苦労する」ではなく、「完全に失敗する」としか思えない。経験がほとんどなく自信がもてない状況ならなおさら、その難易度をコンフォートゾーン外に出る難しさにまで誇張し、実際は違うのに自分の範疇でできることではないと思い込む。

どんなに経験が豊富でも、歪んだ思考にとらわれることはある。歪んだ思考は驚くほど蔓延していて、常識的にいって自身の能力や専門性の高さを熟知しているはずだと思える人ですらとらわれる。女優のミシェル・ファイファーは、自身について次のように語っている。「大して才能がないことがいつかバレる、といまでも思っている。本当に、私は大した女優じゃない。みんな騙されているのよ」。詩人のマヤ・アンジェロウは、「11冊本を出したけれど、出すたびに『ああ、今度こそバレる。みんなを騙していたことがバレてしまう』と思う」と言っている。私もしょっちゅうそういう気持ちになる。たとえば、大学関係者や企業人を前に講演するときや、討論会の登壇者のひとりとして座っていると、聴きに来た人が来てよかったと思えるような優れた意見やおもしろいこと、斬新なことが言えるだろうかと不安になる。

そういう気持ちになったときこそ、マインドリセットが大切だ。**思考をリセットすれば、**

自分の反応や状況の受けとめ方が「正常」に戻る。そうなれば、歪んだ思考に言動が惑わされずにすむ。**思考が歪んでいると、せっかくのチャンスから逃げようとしたり、チャンスを拒んだりするかもしれない。**ついでにいえば、思考が誇張されるのは必ずしも悪い方向ばかりとは限らない。よい方向に激しく思い込むことや、非現実的な想像を働かせることも同じくらいある。たとえば、オファーされた仕事を受けたら、リーダーシップの申し子だと称賛される自分を想像することがあるかもしれない。それを目指すのは立派だが、現実に起こりそうかといえば、起こるとはあまり思えない。

不安をなくして事実と相対する

公正かつ聡明にものを考えられるようになりたいと思わない人はいないだろう。だが問題は、どうすればそれができるようになるかだ。幸い、思考をリセットして事実を認識できるようになる道はたくさんある。ただし、どの道を進むにしても、一旦離れる、または一歩引いて考えるといった概念を念頭に置いて、**これまでとは違う視点や「客観的」に見ることが必要になる**と思ってほしい。そういう視点は、得ようと思ってもなかなか得られない。

数年前、私がハーバード大学での調査グループのひとりとして調査に参加したとき、仕事に役立つ**最高のアイデアがひらめきやすいのはどこにいるときか**という話になった。この会話でとくに興味を惹かれたのは、どの意見も（少なくとも私が覚えている意見はすべて）、**仕事から一旦離れて事実の認識や全体像の理解に努めようとしていたとき**だということだ。たとえば、マッサージのときに最高のアイデアがひらめくという答えが何人かからあがった。半分意識のない状態で横になっていると、さまざまな考えが頭に浮かび、マッサージを施すセラピストの手が不安や恐怖心を取り除いてくれるのだという。ほかにも、散歩をしているとき、自転車に乗っているとき、走っているときという答えもあれば、シャワーを浴びているときという答えまであった！　ちなみに私の場合は、イヌの散歩をしているときに最高のアイデアが浮かぶことが多い。そのことを自覚して以来、一旦離れて事実を認識することの凄さに魅入られ、研究するようになった。調べていくと、一旦離れるというテクニックは、ハーバードの調査グループ以外の人たちにも使われていることが明らかになった。

距離をとって考える

メイソン・カリーの『天才たちの日課』によると、ベートーベンは昼食後に長い散歩によく出かけていて、ひらめいたことをペンで紙に書きとめていたという［＊1］。同じく作曲家のグスタフ・マーラーやベンジャミン・ブリテンにもよく似たルーティンがあり、曲作りから離れて音楽のことを考えないようにすることで、独創的な発想を得ていた。散歩だけが離れる手段ではない。マイクロソフトを創業したビル・ゲイツは、完全にひとりになる時間を使って仕事に関する事実を認識している。年に2回「思考週間」と呼ぶ時間を設けているのだ。その7日間は一切人と会わず、新聞を読んだり、アイデアを練ったり、テクノロジーとマイクロソフトの未来について考えたりするという。

この本に登場した人たちも、このテクニックを活用した。最初のほうで紹介した上級士官のジェーン・レディは、若い候補生を叱ってトラウマとなった出来事を客観的にとらえられるようになり、自分らしいリーダーシップのとり方を見つけることが大事だと気づいた。それはつまり、部下を改心させる効果があると同時に、ジェーン自身が納得できる人道的な叱り方を見つけるということだ。その出来事から一旦離れなければ、ジェーンにじっくり考えることはできなかった。離れて考えたおかげで、本当になりたいリーダー像についても考えることができたのだ。リリー・チャンの例も紹介しよう。ITビジネスを起業した彼女は、親友ジュリアを解雇せざるをえない状況に苦しんでいた。仕事ができないジュリアを雇い続けていれば、会社の存続が危うくなる。とはいえ、ジュリアとふたりきりになると、どうしても友だちとして彼女のことを考えてしまう。ジュリアは家庭でつらい思いをしている。そんなところへ解雇を言い渡したら、彼女の受けるショックは計り知れない。はっきりいって、**リリーが自ら置かれている状況を正確に認識できたのは、一歩引いて考えたおかげだ。**一歩引いて状況を見つめたからこそ、ジュリアが仕事上で犯したミスのせいで会社は傾きかけていて、ジュリアの生活だけでなく、リリーやほかの社員たち、リリーの会社に投資している投資家の生活も脅かされそうになっていると気づくことができた。一歩引いて全体像をとらえたことにより、ジュリアに会社を辞めてもらうこと、その言いづらい知らせを伝えるのはリリーでないといけないことを受けいれられるようになった。

自分に向かって語りかける

リリーの場合は、別のテクニックを使っていたら、瞬時に事実を認識できたかもしれない。別のテクニックとは、**「できる」と自分に言い聞かせることだ**。それも、一人称で（「私にならできる」）ではなく、第三者に語りかけるような言い聞かせ方（「リリー、あなたにならできる」）のほうが効果が高い。ウソみたいな話だと思うかもしれない。ミシガン大学心理学部教授のイーサン・クロスも最初はそう思っていたが、このテーマの研究をいろいろと調べていくうちに、効果を実証する驚くべき証拠を見つけた。**自分に向かって語りかけるときは、緊張する場面や難しい状況である場合はなおのこと、自分を第三者として少々心のなかで区別するだけで、自信がつき、事実を認識できるようになる**という。

彼の実験の一部を紹介しよう。クロスは89名の男女に、「夢だった仕事に自分がふさわしい理由」を語るスピーチ原稿を用意してほしいと依頼した。そして半数には、原稿内で自分を表すときは一人称（例：「私」）しか使ってはいけないと指示し、残りの半数には自分の名前（例：「アンディ」）しか使ってはいけないと指示した。すると、名前を使ったグループのほうが、原稿の作成に対して不安が少なく自信をもって作業に取り組むことができた。また、実際にスピーチを行ってもらったときも、一人称ではなく名前で原稿を作った人のほうがうまくスピーチでき、原稿の内容で思い悩んだり不安になったりすることも少なかった。自分を第三者として扱えば、自分のことを第三者として考えるようにもなるのだろう。それにより、落ち着いて行動するのに必要なだけの自分との距離を心のなかで保つことができたのだ。

おもしろいことに、**認識や言葉を少し変えるだけで、脳の活動パターンも変わる。**クロスは先の実験ののち、脳のスキャンに協力してくれる学生を募って脳波を測定する実験を行った。そして一人称の代名詞を使って自らを語るときと、第三者としての離れた視点で自らのことを語るときとを比べた結果、後者のほうが友人にアドバイスを送るときの脳波に似ていることが明らかになったという。

クロスの実験はほんの一例にすぎず、緊張する場面で感じる不安に「**自分と距離を置くこと**」が大きな効果があることは、さまざまな心理学の調査で実証されている。心のなかで一歩引いて、自分の視点は一方的なものだと認識する、あるいは、同じ状況を別の見方ができないか想像する（別の誰かの視点に立って状況を見る）と、公正な視点で状況がよく見えるようになり、しだいに不安が消えていく。それができるようになりたいなら、自分のことを第三者としてとらえればいい。その効果はクロスの実験でも明らかだ。また、自分以外の人ならこの状況をどう受けとめるか想像してもいいし、互いに信頼を寄せ合う人が自分の考えを聞いたら、そう考えて当然だと思うかどうかを想像してもいい。このような思考のエクササイズを行って、「いや、あの人ならこんな受けとめ方はしない」と思えたり、自分の考え方に対して疑問を抱いたりすれば、それだけで事実を認識できるようになる道を進み始めたことになる。

嫌なことは、まず書きだして距離をとる

テキサス大学オースティン校のジェームズ・ペネベーカー教授の研究室が実施した調査から、驚くべきことが明らかになった[＊2]。**ストレスを感じる出来事があった後にそれについて書くだけで**(数日間短い時間を書くことにあてるだけで)、**事実を認識する力に絶大な効果が生まれる。**思考が研ぎ澄まされて悩みが軽くなり、ひいては免疫系の働きも向上するという。調査の一例を紹介すると、ＨＩＶ感染者／エイズ患者に対し、人生でつらかった経験もしくは日課としていることのどちらかについて書いてもらった実験がある。その後彼らの身体を調べると、つらかった経験について書いた患者のほうが、免疫機能の要となるリンパ球の数が多かった。クロスの実験で一人称ではなく自分の名前を使ったときと同じで、経験したことについて書くだけで、感情的になったときの状況を事実として受けとめられるようになるのだ。**事実を事実として受けとめられるようになれば、言動の合理性や満足感にとってプラスの効果が期待できる。**

仕事でもプライベートでも、私たちはさまざまなことを経験し、いい経験もあれば悪い

経験もある。とはいえ、歪んだ思考や誇張された思考にとらわれて苦しいときは、嫌なことや失敗の存在感が増す。個人的に密かに抱えている葛藤を誰かの「輝かしい姿」と比べたときは、ひときわ大きくなる。この傾向に対抗しようと、自らの失敗を透明化して美点と汚点のバランスをとることが大事だと訴えようとした人物がいる。カリフォルニア大学サンディエゴ校で神経科学を教えるブラッドリー・ヴォイテック教授だ。彼は自身の履歴書の最後に、「拒絶と失敗」という項目を設けた。大学関係者の履歴書に何百と目を通してきたが、そんな項目のある履歴書は見たことがなく、本当に驚いた。ヴォイテックはその項目に、自らの失敗を事細かに記しているのだ。高校の成績が悪かったために希望の大学から「拒絶された」事実に始まり、掲載を却下された学術誌や申請を却下された助成金の詳細、大学での職に複数応募してようやく1校からオファーをもらえたことまで書いてある。人は、他者からどう思われるかで自分の成果を判断しがちなので、ヴォイテックのように美点と汚点の両方を並べて事実を明らかにするやり方はとても新鮮だ。

他者の意見を取り入れる

最後になるが、思考をリセットして事実を認識するためには、**つらい状況を正しく認識**

させてくれる、洞察力に富んだ指南役やメンターも必要な存在だ。考えてみれば、自分ひとりだけという状況はめったにない。「背伸びをしないといけない状況」となればなおのこと、指導者やメンターの協力を得て頭をすっきりさせようとする。彼らの協力によって、判断力を曇らせ、とりたい言動の妨げとなる歪んだ思考や誇張された思考に陥らないようにするのだ。ロジャー・エヴァンスもそうだった。自分ひとりでプロジェクトを管理すればよかった大手の金融機関から、合意の共有を重んじる小さな機関に転職した彼は、何をするにも社内で「根回し」しないといけないことに腹を立てていた。自分ひとりで何でもできるという思いがあり、自分の働き方を変えないといけないことに納得がいかなかった。ところが、ビジネスコーチによるアドバイスのおかげで、自分の言動（言葉を発しないちょっとした態度も含む）がほかの人に与える影響に気づけるようになった。コーチはロジャーが参加しているミーティングを録画し、その映像をロジャーに見せながら、ロジャーの言動がほかの社員に与える影響をかなり細かく指摘した。また、360度評価の実践もロジャーに勧めた。これは、部下、上司、同僚というように、ロジャーとともに働くあらゆる立場の人から仕事ぶりを細かく評価してもらうことを意味する。この評価によって、ロジャーは自らの言動とそれが周囲に与える影響をこれまでにない形で知ることとなり、それがきっかけとなってようやく自らの言動を変えようと思えるようになった。

私にも、頭をすっきりさせてくれた恩人がいる。私が修了した大学院のアドバイザーだったリチャード・ハックマンだ。初めての著作となる『Global Dexterity（どこででも通用する力）』を執筆していたとき、私はとても不安だった。まず、学術界（少なくとも私がかかわる分野）では、本の執筆はあまり重要視されない。論文のほうが価値があるとされている。それだから、本を書くことで自分のキャリアがダメになったらどうしようと心配だった。それに何より、最後まで書き上げられるかどうかもかなり不安だった。私は歪んだ思考に陥り、「この本が大失敗に終わったらどうしよう」「こんなことに時間を使っている私は、同業者の笑いものになっているのではないか」「最後まで書き上げられなかったらどうしよう」というように、悪いことばかり考えるようになっていた。

そんな私を助けてくれたのがリチャードだった。大学院をとっくに修了している私の相談に乗る義務はないのだが、彼は気にしていないようだった。リチャードは「やりなさい」とだけ言った。私は「ええ」と答えつつ、私の迷いをきちんと理解してもらおうとした。それでも彼は「やらなくちゃダメだ」と続けた。「君は、研究者にだけ伝えたいんじゃない。そのテーマのことで本当に苦しんでいる人に伝えたいと思っている。だから素晴らしい本になるに決まってる」

リチャードのアドバイスのおかげで、私は迷いを断ち切れた。リチャードが亡くなって数年たつが、彼は昔もいまも、私がこうありたいと憧れる教職員の姿だ。ほかの職員からの尊敬を得るとともに、研究成果を実生活に応用し、世の中を変えることに強い関心を抱く研究者になりたい。アドバイスをくれた数日後にリチャードから送られてきたメールは、いまでも大事にとってある。そこには次のように書いてあった。「アンディ。本の草案は本当に素晴らしかった。君は、魅力的な例をあげて、そこから教訓を引きだすのがとびきりうまい。この国だけでなく海外にも、この本を喜んでくれる人はいっぱいいると思う。ここまでくるのに、多くを学び、多くを成し遂げたんだね。しかも、そのすべてを本に活かしている！　本当によく頑張った。心からおめでとう」

ひっこみ思案な自分を変える方法はたくさんある

「はじめに」で紹介した図を覚えているだろうか。コンフォートゾーンの円があって、離れたところに「奇跡が起きる領域」と書かれたもう一つの円があり、コンフォートゾーンをどうにかして広げたときに奇跡が起きると説明した図だ。パート2に入ってから、言動を変えるために不可欠な三つの要素を紹介した。この三つは、二つの円をつなぐ架け橋をつくるうえでも必要になる。その橋ができれば、**恐怖心を抱いている場所から発見と挑戦**

の場所へ、居心地はいいが限界が決まっている場所から本当の意味での学習と成長が望める場所へ移動できる。

料理好きな人なら（私もそのひとりだ）、厳密なレシピと融通のきくレシピの違いを実感したことがあるのではないか。たとえば、サラダを厳密なレシピで作るとなると、レシピに書いてある種類のレタスを使い、キュウリ、ニンジン、ピーマンなどの具材もレシピにある材料と分量を厳密に守り、レシピどおりの材料を使ってドレッシングを作ることになる。一方、融通のきくレシピでもサラダは作れるが、何をどうするかは自分しだいだ。レシピには、レタスのような葉物野菜に好きな具材をトッピングして、好みのオイルとビネガーでドレッシングを作ればオリジナルのサラダが完成する、というくらいのことしか書かれていない。パート2で扱ってきた、信念をもつこと、カスタマイズすること、思考をリセットすることは、どちらかといえば融通のきくレシピのようだといえる。いずれも行動の一種だが、具体的にどうするかはそのときどきの状況に応じて自分で決めないといけない。すべてを放りだして自分の置かれている状況から逃げたいと思っているなら、前に進んでそうした感情を克服できるような自分なりのカスタマイゼーションを見つけることになる。信念をもつ場合も同じだ。コンフォートゾーン外に出て行動するだけの価値や根拠があるのか、それだけ大事なことなのかをどう判断し、どう理由づけするかは、人によってまったく違うはずだ。サラダにマッシュルームを入れたい人もいれば、アーティチョークを入れたがる人もいるのと同じで、自分の言動は自分が必要だと思うやり方で、必要な形に変えればいい。レシピに必要な行動の種類は提示した。コンフォートゾーン外へ踏みだせるか試しながら、独自のレシピを完成させられるかどうかは、あなた自身にかかっている。

第6章

コンフォートゾーンの外を知る

子どもの進学を機に職探しを決意したアマンダ

「アマンダ、あなたならできる」――アマンダ・ニッカーソンは自分にそう言い聞かせると、額の汗を拭いながらようやくこぎつけた1次面接を受ける建物へ入った。その担当者とは、ほんの1週間前に登録したばかりのビジネス向け交流サイト「リンクトイン」で知りあった。急すぎると思えるくらい一気に話が進んだが、アマンダにはそれがチャンスだとわかっていた。子どもはすっかり手がかからなくなった。何しろ長男は、大学を受験する年齢だ！　長男が大学へ進学するのだから、アマンダだって新たなステップを踏みだせばいい。

まさか10年も働かないことになるとは思ってもみなかったが、「成り行きでそうなった」

とアマンダは言う。彼女はもともと、経済学の博士号をとって働くつもりでいた。大学で終身雇用の身となって、教鞭をとったり、学生にアドバイスしたり、論文を発表したりしようと思っていたのだ。しかし、思いどおりにいかないのが人生だ。アマンダは大学院生のときに長男のリアムを生み、修士課程を修了後間もなく長女のリリーを出産した。そのときはとても、博士課程に進んで大学教職員になることは考えられなかった。2歳にも満たない幼子をふたり抱えていれば当然だ。アマンダは子どもたちのそばにいたいと思い、彼女の夫もその気持ちを尊重してくれた。そうして彼女は博士号の取得から取り残され、それからわずか数年のうちに母親業に専念することとなり、フルタイムで講義やリサーチに従事するという考えは記憶の彼方となった。

それからしばらくのあいだは、その選択が正しかったと思えた。幼い子どもたちに必要とされていたからだ。しかし時がたつにつれ、子どもたちが成長してひとりでできることが増えてくると、子どもたちから必要とされているという実感が薄れていった。そして長男が大学進学に向けて履歴書を準備しているのを見て、アマンダは「こんなのおかしい」と思った。自分ではなく子どもが履歴書を書いているということが、何か間違っているように思えたのだ。

しかし、そういったことから長く遠ざかっていたため、職を探すと考えるだけで正直怖くなった。まず、アマンダは自分の経歴を恥ずかしいと思っていた。学歴の部分はかなり見栄えするが、職歴はほぼ真っ白になる。「母親業」はかなり大変な仕事で、夫からいつもこれほどきつい仕事はないと言われているが、履歴書に含めていいとは思えない。

それに、仕事を探すとなると、人脈づくり、初対面の人との会話、自己アピールといったことも必要になる。**アマンダは内向的な性格で、初対面の人と話すのが苦手だ。自分には素晴らしい能力があるとアピールするなどもってのほかだった。**おまけに、人に何かを強いることが大嫌いときている。そんなことをした日は一晩中眠れない。だから、履歴書を送ってよさそうなところを見つけても、メールの「送信」ボタンを押せずにいた。相手に時間をとらせるようなことをしたくないのだ。そもそも自分を「売り込む」ということを快く思っていないため、履歴書の送付はとりわけ苦痛だった。送ったところで自分に何ができるのか、履歴書に何を書くことがあるのか、と思っていた。

さまざまな苦痛を抱えながらも、アマンダは職探しを決意した。働きたい気持ちがあるのに働かずにいて、後悔しながら生きていくのはゴメンだ。それに、家計にとっても彼女に稼ぎがあるのに越したことはない。このことを強く意識した出来事があった。夫の職場から、夫が倒れて病院に運ばれたと電話がかかってきたのだ。そのとき、アマンダの頭にさまざまなことが浮かんだ。夫のこと、家族のこと、家族の幸せのこと……。それから、考えたくもないようなことが現実に起きたとき、経済的にやっていけるかどうかということも頭をよぎった。倒れた夫は幸い大事に至らなかったが（単なる熱中症だった）、この出来事がきっかけとなり、アマンダは働くと決意した。いまがそのときなのだ。

アマンダが思ったとおり、職探しのための会話は、最初のほうは気まずさを（かなり）感じた。ところが、会話が進んで少し気持ちがラクになると、意外な発見があった。彼女が想像していたよりも、人々の態度が優しいのだ。実際に行動を起こす前は、自分のように「何の価値もない人間」が、大事な仕事を任されて忙しい人のもとを訪ねても、邪険にされるだけだと思っていた。**だが思いきって訪れてみると、現実は100パーセント違った。**みな明るく親切で感じがよく、アマンダとの会話を面倒に感じているようには見えなかった。すると、アマンダ自身も楽しいと思い始めるようになった。人と会って話をするだけでなく、ついには仕事の可能性について尋ねることすら楽しめるようになった。これがアマンダにとって最大の喜びだった。**ずっと恐れていたことが楽しめるようになったのだ。**

実際にやってみると驚くような「発見」がある

調査を通じてとりわけ意外だったのは、**最初は怖がっていたことでも実際に試してみると、おもしろいと感じるケースがかなり多いという事実が判明したこと**だった。それは、ずっと怖くて試せなかった未知の食べ物に挑戦することに少し似ている。食べてみて気に入らなければ、怖がっていて正解だったということになる。だが、気に入ったとしたらどうだろう？　こんなに美味しいものは食べたことがなく、いままで試さなかった自分が信じられないと思うことだってありうる。

もちろん、必ずしもそうなるとは限らない。あまりにもつらくて大変で、やってみたところで一切受けいれられないこともある。とはいえ、自身の経験からいっても、これまで目の当たりにした事例からいっても、やってみることの効果はとても大きい。そしてその効果が発揮される「動力」となるものを、私は「個人的な発見」と呼んでいる。やってみることで、自分自身や自分が苦労している状況についてはもちろん、その状況における自分自身について知ることができる。それが「個人的な発見」だ。

恐怖や不安を感じたり、恥をかくかもしれないと思って難しい状況を避けていると、発見の恩恵にはあずかれない。だが、勇気を振り絞ってやってみると、思いがけない発見が

ある。エラ・チェンがまさにそうだった。プリンストン大学2年生の彼女は、学生自治会の学年委員に立候補したが、当選に必要なことが自分にできるか不安だった。エラが学生の自治に最初に興味をもったのは高校生のときで、学級委員長に立候補して当選した。だがそれは高校の話なので、ポスターを何枚か壁に貼り、廊下に無料のお菓子を置けば当選できた。しかし、プリンストン大学は高校の何百倍も大きく、選挙の仕組みもまったく違う。学生をはじめとする有権者のもとへ会いに行き、ほかの候補者ではなく自分に投票すべきだと説得しないといけない。それだけでも大変だが、エラにとっては票を獲得するための自己アピールが何よりも苦痛だった。幼い頃から内向的で、自分を主張するのが苦手なため、初対面の人といきなり会話をするのが怖くて仕方がないのだ。おまけに、投票してもらうためには、自分のことを商品のように売り込んでアピールしないといけない。はっきりいって、エラにはとてもできそうにない。だが、学年委員になれるチャンスは、彼女にとって特別な魅力があった。

高校での学級委員長の仕事は本当に楽しく、クラスを変えることができた。エラは高校時代、講演に来た判事や政治家や慈善活動家の話に深い感銘を受けた。そして、彼らのような規模で人々の役に立つことをするには、学級委員長になるしかないと考えるようになった。だから、大学に進学したら学年委員に立候補するのは自然な流れに思えた。そうして実際に立候補したわけだが、意外にも、彼女は懸念していた選挙運動に心からやりがいを感じることができた！ もちろん、とても疲れはした。選挙期間中は、わずか3週間で300人と話をした。だがその会話は本当に有意義で、エラがそもそも人々の役に立ちたいと思った理由は正しかったと証明されることとなった。

おもしろいことに、本当に有意義な会話が生まれたのは、エラが自分をアピールしたときでも、投票をお願いしたときでもない。話しかけた学生の生活のことや、改善してほしいことなどを尋ねたときだ。それにより、エラは学生が困っていることを知った。学資援助、人間関係、やる気、住宅事情など、学生が抱えるさまざまな問題を特定できたことで、彼らの力になれるという実感も得られた。最終的にエラは選挙に勝利して学生自治会の委員となり、その1年後には自治会の代表に選出された。

視点を変えるにはやってみるしかない

あなたもどこかの時点で、思いきった一歩を踏みだすことになると思う。そのときにきっと、踏みだした向こう側にあるものに驚嘆する。

たとえば、交流イベントに参加して自分をアピールすることが怖くて仕方がないとしよう。初対面の人と雑談をすると思うだけで怯え（実際にやったことはそれほどないのだが）、自分の功績を自慢することに居心地の悪さを覚え、そこまでして自己アピールするのは不自然だと感じている。しかし、どこかの時点でそうすることが必要だと気づいたとしたらどうだろう。出席すればキャリアアップにつながるし、そういう場に出向いてチャンスをものにしている同僚や同級生の陰に隠れていることに、正直少々うんざりもしている。だから、自分も出席してみようと決意する。最初は親しい友人と一緒に、規模の小さなイベントから始めたほうが多少は気がラクだ。友人を相手に、イベントで会った人との会話の練習をしてもいい。そしてイベント当日。会場がある建物に入ると、会場内からざわめきが聞こえ、楽しげに話しながら名刺を交換している人々がいる。それを見たあなたは、必死に不安を脇へ追いやり、思いきって会場へ足を踏みいれる……。

いかがだろうか。この種の状況や、これとよく似た状況を自分にあてはめてみてほしい。もちろん、交流イベントである必要はない。上司に昇給を願い出る、ミーティングで発言する、セールストークをする、悪い知らせを伝えるなど何でもいい。いずれにせよ、自分で決意して踏みだせば、怖いと感じていた状況をこれまでとはまったく違う視点で見られるようになる。

学習と成長のサイクル

コンフォートゾーン外のことを避けることで生じる悪循環の図を覚えているだろうか？
今度の図は、信念、カスタマイゼーション、マインドリセットを通じて思いきって踏みだす勇気がわくことで、好循環が生じることを表している。

スタート地点は悪循環の図と同じ「コンフォートゾーン外のことをするのが不安」だが、不安に感じていることを避けて「回避による機能不全のサイクル」に陥ることはない。パート2で学んだ、**信念、カスタマイゼーション、マインドリセットを通じて、ゾーン外に踏みだす勇気を奮い起こす。**そうすると、奇跡が起きる。**ゾーン外に踏みだすと、「個人的な発見」の恩恵にあずかれる**からだ。ゾーン外に出たらどうなるかと想像するのと違い（これでは最悪の事態に怯えることになる）、実際にどういうものかがわかる。しかも、自分で発見したことに驚かされることが多い。ずっと怖くてできなかったことが、やってみたら思っていたほど大変ではなかったり、想像していたほどつらくなかったりする。楽しいと思える部分を見いだすことだって少なくない。

それほど悪いものではないので自分にもできると感じると、不安が軽くなって次もまたやってみようという気持ちが強くなり、とたんに好循環が生まれる。これは、本書の最初

思いきって踏みだすことの驚くべき力

言動を変えるカギとなるもの：
信念、カスタマイゼーション、マインドリセット

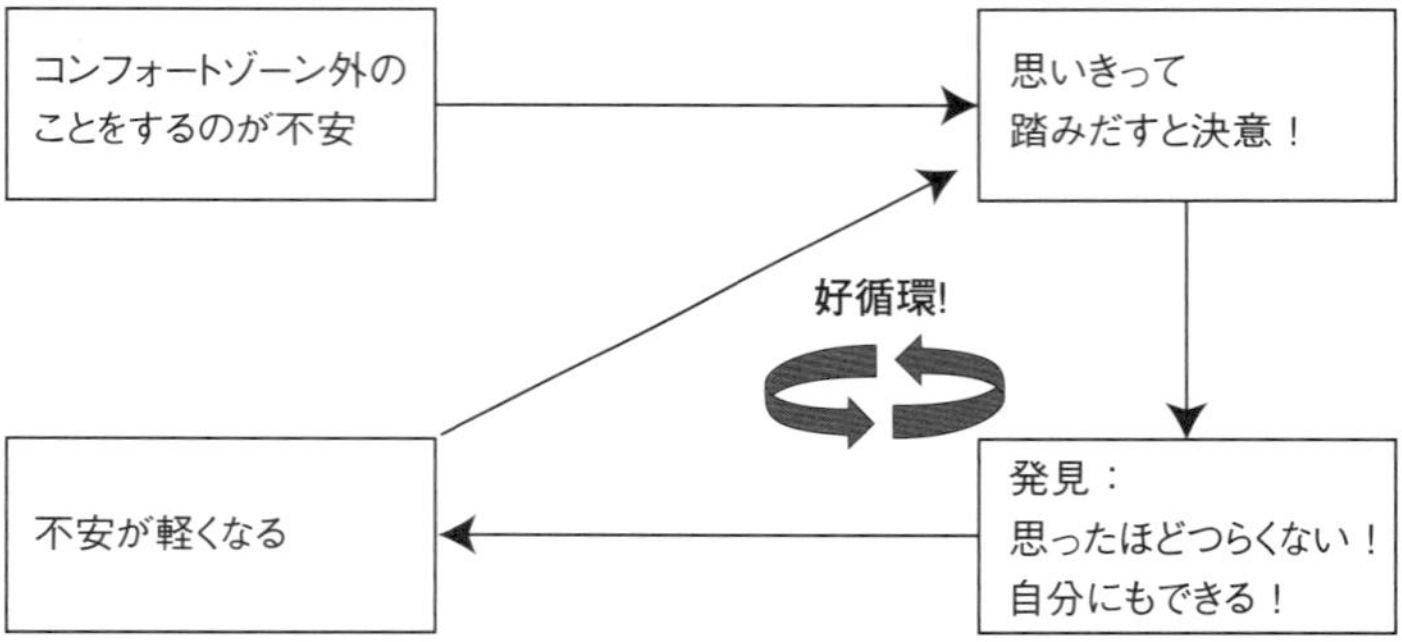

のほうで述べた、不安と回避のサイクルとはまったく違う。学習と成長、実験と進展のサイクルだ！

　コンフォートゾーン外にようやく出てみたら、その楽しさを発見して本当に驚いたという人は後を絶たず、意外にもまったくつらくない、びっくりするほどワクワクした、といった発見をする人もいる。

　それに何といっても、そもそもコンフォートゾーン外に踏みだす勇気と信念がなかったら、こうした発見は得られなかったと実感できることが大きい。思いきってコンフォートゾーンから出ると、ほとんどの人がその意義に気づく発見をする。それが、**「思っていたほど苦痛じゃない！」**と**「思っていたよりうまくできる！」**だ。ここから

は、この二つについて掘り下げていこう。

コンフォートゾーンの外に出て、はじめてわかること①

「思っていたほど苦痛じゃない！」

内向的な中年バリスタのケース

イエス・キリストがカフェに入ってきてラテを注文するなど、普通ならありえない。だがその日は普通の日ではなかった。クリスマスイヴの12月24日、バリスタのジャック・ワグナーがシフトに入ると、彼はいつもどおりにレジを打ち、ラテを注いだ。ジャックは1年ほど前からこのカフェで働いている。中途採用で入ったのだ。あごヒゲと裸足が当たり前のミレニアル世代のなかで、五十代のジャックは明らかに浮いていた。企業の会計士としての仕事に熱意がなくなったジャックは、何か違う仕事に就く必要があった。そしてバリスタはまったく違う仕事だった。絶えず人と接していないといけない。接するのはカフェにやって来る客がほとんどで、彼らはコーヒーと店での「体験」を求めに来る。その両方を提供するのがジャックの仕事だ。だが残念ながら、内向的な性格のジャックには雑談の価値がよくわからず、接客がうまくいかず悩んでいた。

嫉妬と畏敬の念にかられながら、ジャックは客と気軽に会話をする同僚を観察した。彼らは、天気やコーヒーのことだけでなく、ほぼ何でも話題にする。嫉妬のなかには、彼らのようになりたいという気持ちもあった。雑談ができるようにならないとバリスタとしてやっていけないことや、仕事以外の場面でも雑談ができるスキルは必要だということは、彼にもちゃんとわかっている。それと同時に、苦労せずに気軽に会話を楽しむことができる同僚に対し、なぜそんなことができるのか信じられないという畏敬の念も抱いていた。

はっきりいって、雑談は無意味だというのがジャックの本音だった。非効率以外の何ものでもない。コーヒーを飲みに来たなら、無意味で気まずい余計な会話などせずに、商品を注文するだけでいいのではないか？　とはいえ、そう感じているのは自分だけだということもわかっていた。それに何といっても、雑談を楽しむのがカフェの文化なので、カフェを運営する会社は、社員に客との交流を積極的に図らせたい。雑談は苦手なジャックだが、バリスタの仕事のほかの面については気に入っていた。勤務時間はフレックスタイム制で給与もよく、コーヒーも飲み放題ときている。だから、接客の部分には目をつぶり、バリスタをやってみようと思いきって踏みだした。しかし、簡単に務まる仕事ではなかった。

カウンターに客がやって来ると、ジャックはパニックになる。何か言うべきか迷い、言うべきだとしても何を言えばいいのかわからない。何を言うかで頭がいっぱいになり、ドリンクの注文を忘れてしまう。そうなれば当然、友好的な会話が生まれる望みは薄くなる。

それに、**雑談を一度避ければ、次の機会もまた避けるようになる。とにかく何か言わないことには始まらないと頭ではわかっているが、ジャックにはどうしてもその一歩を踏みだすことができなかった。**そんなある日、イエス・キリストがドアを開けて入ってきた。

一度殻をやぶれば、なんてことない

その姿は気味が悪いほどキリストにそっくりだった。ふさふさの長い髪に口ヒゲを生やして白いガウンをまとい、真冬だというのに足元はサンダルだ。男性はレジへやって来るとカプチーノを注文した。その瞬間、ジャックは完璧なひと言を思いついた。いまこそ話しかけるときだ。男性が注文するあいだ、ジャックは頭のなかでその言葉を繰り返した。

「本当にカプチーノをご注文になりますか？　水をグラスに注いで、ご自身でカプチーノに変えられては？」。だが、男性が注文を終えてもジャックは何も言わなかった。勇気が出なかったのだ。キリストがドアへ向かいカフェの外に出ると、ジャックはまたもや自分が嫌になった。相手がキリストでも話しかけられないなら、もはや絶望的だ！

ところがである。信じがたいことに、そのキリスト以上に人目を引く男性が店に入ってきた。がっしりとした体つきながらどこか陽気で、ふさふさの白い口ヒゲを生やしてメガネをかけている（誓って作り話ではない）。「お名前をうかがってもよろしいですか」とジャックは尋ねた。今度こそ話しかけないといけないという一心から出た言葉だ。「ニコラスです」と男性は答えた。ふざけている顔ではない。サンタクロースの由来とされている聖ニコラスと同じ名前に、「まさか！」という言葉がジャックの口をついて出た。「本当ですか？」と重ねて尋ねると、男性は「ええ」と言った。「必ずそういう反応をされますよ。ほら、これを見て」そう言って男性が袖をめくると、腕に大きく「Nicholas（ニコラス）」とタトゥーが刻まれていた。ジャックは声をあげて笑い、それから自然と会話を続けた。初めて何の苦労もなく雑談ができた瞬間だ。雑談はサンタクロースとだけにとどまらなかった。その後やって来る客とも、次々に雑談を始めた。そうして続けていくと、意外にもだんだん楽しくなってきた。雑談は無意味だと思っていたジャックだが、**いざやってみると**

とって、**かなり楽しい。**知らない人と知り合いになれて、ときには新たな知識を学ぶ。ジャックにとって、客との雑談は楽しいものとなり、いつしか彼の仕事の要となった。

ディベートが苦手な在米ベトナム人のケース

私が個人的にもっとも目を見張った変化の例も紹介しよう。ブランダイス大学で私が受け持つ授業を通じて、とある学生が驚くべき発見を遂げることになったのだ。私は授業の一環として、学生たちに各自のコンフォートゾーン外となる状況を選び、この本で紹介した対策やテクニックを駆使してその状況に飛び込む勇気と自信を育むプロジェクトを課した。これから紹介するのは、ＭＢＡに籍を置いていた内気なベトナム人学生のタオの例だ。タオがゾーン外の状況として選んだのは、クラスでのディベートへの参加だった。アメリカで育った人には、何が苦痛なのかわからないかもしれない（とはいえ私をはじめ、アメリカ人にもディベートへの参加を苦痛に感じる学生は大勢いる）。だがタオは、クラスを肯定側と否定側に分けて議論するディベートというものを行わない国で育った。だから、活発に意見を交わすディベートに参加することはとんでもなく苦痛で、彼女にとってはコンフォートゾーンのはるか圏外のことだった。

タオは、プロジェクトを開始した当初に抱えていた葛藤について書き残している。その一部を紹介しよう。

ベトナムには調和を重んじる文化があり、調和を乱しかねない行為は許されません。人前で誰かと言い争い、自分が正しい（つまりは相手が間違っている）と主張すれば、相手の顔をつぶすことになります。人前で相手の顔をつぶす行為は、アジア諸国、とりわけベトナムではタブーとされています。ですから、ディベートで意見したり、自分が正しいと証明したりすることがとても苦痛でした。アメリカの学校でいい成績を収めるにはディベートに参加しないといけないとわかっていても、心のなかではとても悪いことをしているような気持ちにどうしてもなってしまいます。身体は震え、汗はとまらず、教授の目をまともに見ることができません。罪悪感を覚えずにはいられませんでした。

プロジェクトとして課せば、学生はゾーン外へ踏みださざるをえない。それがこのプロジェクトのいいところだ。もちろん、成績をつけるときは、ゾーン外に出て「うまく行動できたかどうか」で評価はしない。**うまくいっても失敗しても関係ない。大事なのは、そのときの体験をどれだけ雄弁に語れるか、どれだけ掘り下げられるかだ。**また、学生には本心から何とかしたいと思っていることを課題に選ぶようにと伝えているので、信念をもって改善を試みるのは間違いない。タオは本気で何とかしたいから、ディベートへの参加を課題に選んだ。彼女はとても優秀な学生で（フルブライト奨学生に選ばれるほどだ）、成績についても非常に高い基準を自らに課していた。大学では、ディベートでの発言が成績に大きく影響する。授業によっては評価の50パーセントを占めることもある。彼女がこの課題を選んだ動機はまさにここにあり、何としても優秀な成績を収めたいと思っていた。

私がタオを例にあげたのは、プロジェクトに取り組んだ1学期のあいだに彼女の身に起きたことを伝えたかったからだ。プロジェクトに取り組んだ学生は、ほぼ全員が個々に進化を遂げた。**自分が恐れる状況を選び、その状況で自分が向き合う葛藤について理解し、その葛藤を克服する意義を見いだした。**なかには自らの葛藤をしっかりと克服し、怖がっていた行動を好きになり始めた学生も数人いた。タオの場合は極端で、6週間という比較的短い期間であれほど恐れていたディベートへの参加にすっかりハマり、教授が制しないとほかの学生が発言できないくらい、熱心に発言するようになった！

苦手なことのなかにも光はある

さて、発見の効果に法則性はあるのかと疑問に思う人もいるだろう。たとえば、企業のマネジャーや医師が、悪い知らせを伝えるときの隠された利点を発見することはあるのか？　意外にも、答えはイエスだ。「必要悪」の調査に協力してくれた医師のひとりが、実際に次のように話している。まったくガンを疑っていなかった60歳の患者に対し、苦渋の思いで乳ガンというつらい事実を伝えているとき、この濃密な瞬間に患者の家族とともに立ち会えることは自分の特権だと思い至ったという。その特権は、医療に従事する者としての存在意義の一つだ。「悲しい気持ちであると同時に、感動のような感情もわき起こりました。感動という言葉が正しいかどうかはわかりませんが、患者の家族とその瞬間を共有する責任が自分にあるというのは、とても光栄で恐れ多いことです。これ以上ないほど私的な瞬間を共有できる医師は、何と素晴らしい特権のある仕事なのかと改めて強く感じました」

医師に限らず、企業のマネジャーのなかにも**苦痛で嫌な業務に光明を見いだした人たちがいる**。ある企業のマネジャーは、解雇を「うまく行う」ことにマネジャーとしての誇りをもつべきだとしだいに思い始めた。彼にとっての「うまく行う」とは、解雇を言い渡す相手に敬意をもって接し、相手の尊厳を守ることを意味した。「解雇は自分の仕事のうちだと気がついた。誰かがやらないといけないなら、ほかの人に任せるより自分でやったほうがいい。私なら、相手を思いやり、相手の気持ちを汲んで相手の尊厳を守る言い方ができる」

自分の新たな一面を知る

おそらく想像がつくと思うが、ここまでに登場した人たちもまた、ゾーン外に踏みだして発見の恩恵にあずかっている。アニー・ジョーンズは、仕事の邪魔をする同僚のリック・シュミッツに勇気を出して立ち向かった。そして、自分のために立ち向かうと、自分に力があると実感できることを発見した。立ち向かうことを躊躇させていた、リックに嫌われたらどうしようという不安は、立ち向かうべきだと確信してからしだいに薄れていった。リックに立ち向かったおかげで、アニーはほかの状況でも自分を主張するようになっていった。

社内の合意を重んじる転職先の風潮に困惑していたロジャー・エヴァンスも、仕事の手綱を緩めてほかの社員と協力し合うようになると、驚くべき変化を実感した。部下や他部署の人間を信頼して自分の仕事を任せるようになるのに時間はかかったものの、協力することを楽しいとしだいに感じるようになっていった。以前の勤め先でのロジャーは、有能だが自分ひとりで何でも進めていたため、周囲と協力して働く能力は身についていなかった。しかし、転職先では、ほかの人と一緒に行うブレインストーミングや議論重視の会議といった業務の大切さを知り、部下には頼ればいいと思えるようになった。また、協調性というこれまでにない能力が身についたことも、彼にとっては喜びだった。このように、仕事の手綱を緩めてからは、苛立ちや憤りを感じていた転職したばかりの頃と状況が一変した。

自分の変化に驚いたのは、「ハフィントンポスト」にコラムを寄稿している作家のアンニキ・サマヴィルも同じだ。初めて母親になったときのエッセイに、そのことが記されている。私は母親ではないが、初めて父親になったときに、彼女が語っていたことの多くを私も確かに実感した。アンニキのエッセイは、子どもがいなかった頃は「母親」というものをどこか見下していたという文章から始まる。子どものせいで寝不足になることや、子どものかんしゃくのことでひたすら文句ばかり言っている、「後ろ向きにものごとをとらえて愚痴をこぼす人種」だと思っていたのだ。ところが、いざ自分が母親になってみると、信じがたい発見があった。**自分は絶対に嫌だと思い込んでいたことが、やってみたら楽しい**

のだ。たとえば、腰で娘をだっこすることが大好きだと彼女は言う。「玄関に誰か来たときは、片方の腰で娘をだっこして応答するようにしている。原始時代のたくましい女性になったみたいで気分がいい」。また、子どもができたおかげで、自分でも知らなかった冒険好きな一面にも気づかされたようだ。「私は速いものが苦手だ。ジェットコースターには乗れないし、高いところも怖い。小さい頃はおてんばで、何かに登ってそこから逆さまにぶら下がるのが大好きだったというのに。でも、公園で過ごす時間が増えてからは、自分の冒険好きな一面を発見した。メリーゴーラウンドに乗りたくてたまらないし、滑り台も大好きだ。昨日は気づいたら歓声をあげていた。おかげで元気になれた。前の晩は一睡もしていなかったのだ」

「自分にだってできる(しかも思っていたよりうまくできる)!」

「やってみない限り、
自分の可能性は永遠にわからない」
(バーナード・カレッジで講演した『LEAN IN』著者
シェリル・サンドバーグの言葉)

ゾーン外に踏みだすと、ずっと恐れていたほどは怖くないということに気づくだけでなく、思っていたより向いていると判明することもある。**人は未来を予測する力がとんでもなく低い。**それは何十年にも及ぶ心理学の研究から明らかで、とりわけ自分についての予測が下手だ。**自分の能力やレジリエンス(困難な状況に柔軟な姿勢で向き合う力)を決まって低く見積もっては、自分の未来を実際より悪い方向へと想像する。**私に初めての子どもが生まれたときがまさにそうだった。2004年に第一子が誕生したとき、私はキャリアの形成に必死だった。大学での終身在職権を狙っていたのだ。この資格をとるのは大変だ。

上司にあたる教授の手によって、世界各地に散らばる同じ分野の研究者10～20人から資格取得希望者の人となりや研究に関する文書が集められる。その文書を希望者本人が目にすることはないが、その文書を書いた人たちと、希望者と同じ大学の研究者の判断で、運命が決まるといわれている。つまり、自分にできる（というか、自分がしないといけない）のは、専門分野の研究の担い手としての評判を国内外で確立することしかない。しかし、評判を確実に確立できる方法というものは存在せず、自分で考えて何とかするしかない。加えていえば、評判を確立できなければ研究者をクビになる。そうなると、通常は1年の猶予期間のうちに学内で別の仕事を見つけることになるが、別の仕事に就かないとなれば大学を去らないといけない。私が研究者としての評判を確立しようとしているとき、第一子が生まれた。本当に嬉しくて父親になれたことを誇りに感じたが、それと同時に、終身在職権の獲得に向けてまだまだ努力を続けないといけないのだと思うと気が遠くなった。当時の私はMBAの授業を受け持ち、大学の奉仕活動にも参加していた。いつも2、3時間しか眠れず、自分のために使える時間はほとんどない。そんな状況が私には不安だった。

はっきりいって、自分の手に負えるとは思えなかった。リサーチと講義を行いながら、ストレスやプレッシャーに対処し、父親業を務めるなどとても無理だ。だが、私はやってのけた。妻の多大なサポートのおかげで、子どもとたくさん接しながら仕事もすべてこなした。いまの私には、第一子の長女に続き長男もいる。このふたりが生まれたことで、私の人生は一変した。子どもたちと一緒に過ごしたり、学校へ迎えに行ったりすることがあまりにも楽しくて（それはいまも同じだ）、仕事に対する集中力が増し、効率が飛躍的に高まった。父親になるということは、私にとって、コンフォートゾーン外に出たら発見があった格好の例だ。ゾーン外に出る前は、少なくとも仕事に関してはうまくいかないだろうと思っていたが、実際には反対だった。

ゾーン外には新たな喜びが待っている

小学校で校長を務めるフィル・リークもゾーン外に踏みだしたが、彼が得た個人的な発見は私とはまったく違う。彼は、私の調査に協力してくれた人のなかでも極めて珍しい悩みを抱えていた。彼にとってのゾーン外の行動は、なんと「ブタの唇にキスすること」だった。その小学校には、「読書月間中に生徒が推奨以上の時間を読書に費やしたら、校長が突拍子もないことをする」という伝統行事があり、生徒はみなそれを心待ちにしていた。フィルの前の校長から生まれた伝統だ。前校長はかなり社交的な（ブタへのキスも気にならない）性格だったようで、突拍子もないことに「本物のブタを学校につれてきて、ブタの唇にキスをする」を選んだ。

フィルは素晴らしい校長だ。生徒のことを心から気にかけ、子どもたちと教育のために尽力している。しかし、その伝統行事に少しでも近いようなことは、彼にとっては間違いなくゾーン外のことだった。おまけにフィルは内向的な性格で、統制のとれた状態を好む。全校集会が生徒の歓声や叫び声で大騒ぎになり、その場に彼らの注目の的としてステージに上がっているのが自分だと考えるだけで、実際にブタにキスをするくらい怖くなった。とはいえ、新たに赴任した校長として、これまでの校風を押さえ込むような真似はしたくない。それに、生徒がその行事を楽しみにしていることもわかっていた。

そこでフィルはどうしたか？　この本で紹介したさまざまなテクニックを使った。まず、**自分が注目の的になることは、生徒の尊敬を集めるとともに、自らが理想とする体制づくりの助けになると心から信じるようにした。**彼が理想とする体制とは、生徒の努力が報われ、失敗を恐れず失敗から学ぼうと生徒に思わせる学校だ。フィルがコンフォートゾーン外に踏みだせなければ、生徒はどう思うだろう？　だからといってブタにキスをするのは、やはり行きすぎな気がする。行きすぎといわないまでも、理想の実現に不必要なのではないか……。

そこでフィルは、「カスタマイズできないか」と考えた。別のことでも同じ効果を得られるのではないか。そうして思い至ったのが「モヒカン」だ。全校集会の場に、校長がモヒカン頭で現れたら盛り上がるのではないか？　生徒はきっと喜ぶし、少なくとも自分で納得できることではある。コンフォートゾーン外であることに変わりはなく、ステージに立たないといけないのはやはりつらいが、これなら自分にもできると思えた。そしてその決断は見事に功を奏した。フィルがモヒカン頭でステージに現れると子どもたちは大喜びし、それが学校の新たな伝統行事となった。

ステージに立つとき、フィルは「自分にならできる」と実感していた。ステージに立って注目の的となり、バカなことをする。それは、無口で内向的な性格の彼には間違いなく存在しない一面だったが、時間がたつにつれてそれも彼の一部となった。フィルによると、「一時的に社交的になる術」を身につけたとのことだった。決してフリではなく、本当に社交的になっているのだと彼は念を押した。**信念に支えられた行動をとるときは、心から社交的にふるまえて、しかも気分がいい**という。フィルはこの事実に何よりも驚いた。モヒカン頭にできたことでも、そのまま数日過ごせたことでもない。コンフォートゾーン外のことで気分がいいと感じられたことが信じられないのだ。ゾーン外に踏みだす前は、そんな驚きが待ち構えているとは思いもしなかった。

「自己効力感」を手に入れる

フィルのような発見は、この本に何度も登場している人たちも味わった。同僚のリック・シュミッツに思いきって立ち向かったアニー・ジョーンズは、立ち向かうことは思っていたほど怖くなく、案外自分にもうまくできることを発見した。一匹狼だったロジャー・エヴァンスは、ほかの社員や部下との協同は難しいものではないことを発見し、実際にやってみてうまくいくと、次もまたやってみよう、別の仕事のときにもやってみようと思えるようになった。子育てに専念していたアマンダ・ニッカーソンは、自分の能力について不安に思っていたが、雇ってくれそうな人たちに仕事がないかと尋ねるのは思っていたより簡単だと知った。

自分にだってできるという実感を得ると、自信が生まれる。心理学の用語では、**特定の状況で成功できる力が自分にあると信じる気持ちのことを「自己効力感」と呼ぶ。**また、「可能性の認知」とも呼ばれる。『ちびっこきかんしゃだいじょうぶ』で、自分よりずっと大きな機関車を山の向こうへ引っ張りながら、「ぼくならできる。きっとできる」とつぶやく小さな機関車の気持ちがまさにそれだ。思いきって踏みだすと——強い信念に突き動かされ、カスタマイゼーションの力を借りると——、最初に手にした成功が自己効力感となる。そして、楽しさや慣れといった感覚が育ち、その感覚が強力な武器となる。心理学者のアルバート・バンデューラがスタンフォード大学で実施した調査から、特定の領域における**自己効力感が強い人と弱い人では、強い人のほうが難題に対して自信をもって取り組み、取り組む行為に対する関心も強く、レジリエンスも強い**という［＊1］。もちろん、コンフォートゾーンの外に出れば、何でも直ちにマスターできる可能性は高くないが、やろうとせずにいたときよりも、自己効力感は絶対に強くなるはずだ。それだけとっても、ゾーン外に踏みだす価値がある。

Part.
3

引っ込み思案な自分にもう戻らない方法

ここまでたくさんのことについて語ってきた。状況に即した行動をとろうとするときに生じやすい葛藤について学び、コンフォートゾーンから出ると思うだけでつらい気持ちになり、何としてでも出ることを避けようとする人がとりがちな行動について学んだ。

それから、生じた葛藤の乗り越え方についても学んだ。**葛藤を乗り越えるには、信念という名の強い目的意識をもち、行動を自分に合わせてカスタマイズし、思考をリセットして歪んだ思考や誇張された思考にとらわれないようにしないといけない。**そして、これらのテクニックを使い、ひっこみ思案を克服する勇気を振り絞ると、自分自身についてや恐れていた行動のことで驚くべき発見がある。要は、「思っていたほどつらくない」「自分にもできる」という発見だ。

だが、大事なことがもう一つ残っている。**できると実感した行動を定着させるにはどうすればいいのか。自分にとってつらいと感じる行動を自分のものにできるだけのレジリエンスを育むにはどうすればいいのか。**それを最後となるパート3で探っていくとしよう。

第7章

生まれ変わり続ける自分を手に入れる

人生で初めて売り込みをしてみたサラ

ニューハンプシャー一有名な雑貨店へと続く長い小道を歩きながら、サラ・リンデンは頬が緩まないように必死でこらえていた。「自分にだってできる」サラはそう言い聞かせている。「商品の質は高いし、同種の商品の扱いはない。見込みはある」。実際、サラがヤギのミルクで作った石鹸を店に置いてもらえる見込みは十分にあった。

サラはヤギ酪農を営む傍ら起業もしていた。ヤギのミルクで作る石鹸を1年かけて完成させたのだ。それを友人や家族に販売したほか、地元のファーマーズマーケットにも出店した。だが今度はケタが違う。これほど名の知られた店で販売するなど夢にも思っていなかった。この雑貨店は、ニューハンプシャーで非常に信頼の厚いハンドメイド商品をいくつも扱っている。

　サラは、いまが勝負のときだと感じていた。商品は間違いなく素晴らしい。ファーマーズマーケットで販売するようになってから1年以上になるが、実際に使った人から称賛の言葉をもらっているし、何度もリピート購入する人だっている。また、サラは雑貨店の下調べも行った。数カ月のあいだ、地元で知らない人はいないほどの有名店であるこの店に何度か足を運んでみたが、サラの石鹸と競合するような商品は扱われていなかった。要するに、サラの石鹸には需要があり、競合するライバルはいないということだ。

　ファーマーズマーケットでしか販売したことのないサラにとって、この店で扱ってもらうことは一大事だ。彼女にとっては、自宅にあった骨董品をサザビーズのオークションにかけるのに等しい。雑貨店への売り込みの準備は万全で、着替えもしっかり持参している。農作業用の長靴を履いてネルシャツにジーンズという格好だったが、店に入るときにワンピースに着替え、髪をとかしてマスカラを塗った。店の前で深呼吸をすると、サラはきしむ玄関扉を開けた。ゆっくりとカウンターまで歩いていき、分厚い木のテーブルに石鹸を勢いよく置いた。「ヤギのミルクで作った石鹸をこの店で扱ってもらいたいのですが！」サラは店の責任者に向かって言った。心臓がドキドキしている。「きっと気に入ってもらえると思います。石鹸は扱っていらっしゃらないので、これを機にラインナップに加えていただけないかと思いまして」と続け、相手の反応を待った。

「**お断りします**」責任者は立ち上がりもせずに言った。

断る？　サラはその言葉を頭のなかで繰り返した。何週間も前からこの場面を想定してリハーサルしていたので、断られる可能性があることはもちろんわかっていたが、本当に断られるとは思っていなかった。いちばん大変な部分は、ドアを開けて入って責任者と話をする勇気を振り絞ることであって、実際に断られたときの対処ではないはずだ。サラはすっかり動揺した。

「ちょっと待ってください」サラは少し焦っていた。「私は近くの町で酪農をやっていて、石鹸はすべて手作りで……」

「ヤギのミルクだろうと、ヒツジのミルクだろうと、ラマのミルクだろうと関係ありません」責任者の口調は、サラの想定とはまったく違っていた。「お断りします」

それで話は終わった。サラは責任者に時間をとってくれたことへの礼を述べ、石鹸をしまって店を後にした。

ゾーン外を目指し続ける

振り返って考えれば、店の責任者に石鹸の販売を拒む理由を尋ねればよかったと思うかもしれない。だが、サラは責任者の対応に意表を突かれ、はっきりいって混乱していた。サラからこの話を聞いたとき、私はひどい話だと思った。現実にそんなことが起これば、激しいショックを受けるのは容易に想像がつく。今回の失敗でサラがコンフォートゾーン内に引きこもったと聞いても、私は驚かない。ヤギの世話をし、ときたま地元のファーマーズマーケットで石鹸を販売するだけで、どこかの店舗に置いてもらおうとすることが二度となくても不思議ではない。

ところが、現実は違った。サラは勇気を出して別の店を訪れた。そして何と、石鹸を販売してもらえることになった！　最初の店を訪れたすぐ後というわけではないし、そこに至るまでの苦労はあったが、大事なのはサラが諦めなかったという点だ。諦めるどころか、彼女は反対の行動をとった。**引き下がりたくなるような障害に直面しても、彼女は前に進んだ。**そして最後には、自分を誇らしいと感じるようになった。それは、石鹸を店に置いてもらえるようになったこともあるが、失敗しても前に進むという自分の新たな一面を知ったからだ。

この章を通じて、あなたにもサラと同じように自分の新たな一面を知ってもらいたい。

「一度きり」のことなら、勇気を振り絞ってコンフォートゾーン外に出られる人は多いが、その言動を自分の一部として定着させるとなると難しい。そこで、定着を促す対策をいくつか紹介しよう。

ひっこみ思案に戻らないための対策①

練習方法を見つける

当然ながら、身につけたばかりのスキルを自分の武器としてしっかりと定着させたいなら、練習が欠かせない。アスリートが、投球モーションやサッカーボールの蹴り方などで新たな技術を身につける場合も、最初は反復練習から始めて、徐々にプレーのなかに取り入れる。実戦で使うのも、プレシーズンの試合でまずは試し、最終的に大事な試合で使うという具合だ。コンフォートゾーン外の行動を定着させるときも、同じようにすればいい。

練習は大切だが、練習をどのように行うかも同じくらい大切だ。心理学の研究から、難易度を徐々に上げて繰り返し練習することに効果があると実証されている。要するに、練習であってもいきなりいちばん難しい状況に身を置くなということだ。そんなことをしても、うまくできる可能性は低いので、最小限のことしか学べない。それに、できなければ自分に失望し苛立ちもたまるので、それをやらずにすむ状況を探し求めるようになる。

たとえば、前途有望だがプロになったばかりの野球選手がメジャーリーグに送り込まれたところを想像してみてほしい。本人はもちろん大喜びだろうが、試合で活躍する可能性は非常に低い。若手の選手がメジャー級の試合に出て失敗した例は数多くあり、その後二度とそのレベルの試合に出られないこともある。だからこそ、難易度を徐々に上げていくことが大切なのだ。**練習は、そのときの自分の能力や感情に「ちょうどいい」難易度でないといけない。**

ちょうどいい難易度で練習する

小さな子どもがいる人は、その年齢や学年に「ちょうどいい」本があることをご存じだろう。その子の読み書きや読解力のレベルに適していて、レベルの向上の助けとなるが、読むのが嫌になるほど難しくはない本という意味だ。この論理は、コンフォートゾーン外の状況に対処する練習にもあてはまる。要するに、スキルの習得や向上を促すくらいの難しさは伴うが、やる気がそがれるほど難しくない状況を見いだす必要があるということだ。

投資ファンドで営業マネジャーを務める34歳のアニー・ジョーンズを思いだしてほしい。彼女は、大事な顧客の前でアニーを蔑ろにした資産管理マネジャーのリックに自分の意見をはっきりと伝えられずに葛藤していた。先の章では、自分を主張する力を高めることに努め、とうとう勇気を奮い起こしてリックに立ち向かったことを伝えた。アニーは懸命の努力によって、人を見下す態度をとる嫌な同僚に立ち向かう勇気を奮い立たせられるようになり、見事に立ち向かった。リックから謝罪を受け（しぶしぶではあったが）、アニーは自分を心から誇らしく思った。

だが、アニーは自信を喪失しやすいタイプだった。リックに立ち向かったことを誇らしく思っているが、仕事上のほかの場面でも自己主張できるかどうかは不安だった。自分を主張したほうが彼女のためになる状況はたくさんある。たとえば、チームミーティングで気づいたことや素晴らしいアイデアがあっても、アニーはずっと沈黙を保っていた。チーム唯一の女性かつ最年少ということで、ほかのメンバーから反論されたり（されることがよくあった）、自分の話を遮られたりする（こちらもよくあった）のが怖くて、いつも何も言えなくなるのだ。また、アニーにはジョンという部下がいる。ジョンの仕事に対する姿勢はいいかげんで、アニーが何も言わないことにつけこんでいるとしか思えなかった。彼もまた、面と向かって立ち向かう経験を積むのに最適な人材だ。

しかしアニーには、どうすれば自己主張するという新たな一面を「どこででも発揮できる」ようになるのかわからなかった。リックとの一件で学習したこと――自己主張の仕方や新たに発見した自己主張できる自分――を、ほかの場面にも適用するにはどうすればいいのか。できそうに思えても、実際に行うには計画が必要だ。そうしてアニーは計画を立て、それを行動に移した。

まずは「練習のためのスケジュール」を組んだ。自己主張はスキルの一種で、大好きなテニスや、テニス以上に大好きなブリッジと同じ――アニーはそう自分に言い聞かせた。スキルであれば、練習するほど上達し、自信も生まれる。また、リックとの一件から、自己主張は想像していたような怖いことではまったくないとわかっている。リックと向き合うことを恐れていたが、実際に向き合ってみると大したことはなかった。アニーは、次に自己主張する機会まであまり時間をあけたくなかった。せっかく生まれた自信が消えてしまうかもしれないからだ。これもまた、練習が定着のカギを握る理由の一つだ。

「学習志向」を手に入れる

練習を通じて、アニーはコーチの協力がとても役に立つと気づいた。ここでいうコーチとは、自己主張スキルの向上を助け、学ぶ姿勢を正しい方向に導いてくれる人のことを指す。アニーは完璧主義者なので、すぐにイライラする。新しいスキルを習得するときは、とりわけフラストレーションがたまりやすい。そのせいで、うまくいかなければ自分を敗者だと思い込んでしまう。練習を始めたばかりならうまくいかなくて当たり前なのに、彼女はそう思わないのだ。アニーのコーチは、そういう意味でアニーの大きな助けとなった。**失敗や間違いを、能力のなさの象徴ではなく学習の機会としてとらえる**ようにアニーを導いた。このようなとらえ方を、心理学者のキャロル・ドゥエックは「**学習志向**」と呼ぶ。

また、アニーのコーチはモチベーションの維持にも貢献した。自分を主張することで得られるメリットをつねに思い起こさせたのだ。とりわけ、リックとの一件で味わったいい気分を思いださせることに努めた。そのおかげで、アニーは心から誇らしかったときの感情をつねに意識するようになり、それがモチベーション維持の最大の原動力となった。結果的に、アニーの努力は実を結んだ。ミーティングで積極的に発言するようになり、ときには本音を口にすることもあった。部下のジョンに対しても行動を起こした。ジョンは勤務時間の一部を自宅での作業にあてることを認められていたが、売上目標は達成しておらず、それは当然上司であるアニーの評価を下げることに直結した。アニーは何カ月も前から何とかしたいと思っていたが、自分の意見を控えめに伝えることすら怖くてできずにいた。だが、リックとの一件を経験し、コーチとともに自己主張の練習を重ねたいま、アニーはジョンと対峙して思っていることを伝えた。「自宅勤務の時間がずいぶん長いうえに、売上もよくない。この仕事が向いていないのかもしれないわね。その場合は、何らかの対処をしましょう。向いているというなら、もっと努力して結果を出してちょうだい」

このような強気な態度に出ると、アニーはときどき自分がふたりいるような気持ちになった。自分の口から出る言葉を聞きながら、自分の言葉だと信じられない自分がいるのだ。だが、それはすべて彼女の言葉であり、その言葉を話しているのは間違いなくアニーだ。さらに時間がたつと、リックとの対峙で身につけた自己主張のスキルは、彼女の欠点としても名を連ねるようになった。いまのアニーを見ると、昔のアニーは本当に存在したのか疑わしくなる。それくらい彼女は変わった。

本番に近い状況をつくる

練習をするときは、時間をかけて練習の難易度を上げていく「ちょうどいい難易度」に加えて、心理学的にいえば「物理的」にも「機能的」にも現実味がある状況を生みだすことも大切になる。要するに、**実際に直面することになる本番とよく似た環境を整えて、実際に起こりそうなことを発生させないといけないということだ。**後者のほうがより大切だと思っていい。もちろん、解雇や病気を告げるときのような状況をまったく同じにつくりあげることは不可能だ。プロの役者に社員や患者を演じてもらってどれだけ現実に近づけても、それは練習であって本番ではないと互いにわかっているので、自分に生じる感情や相手の対応はたぶん近いものにならない。

こうした不安はさておき、練習では、物理的な練習環境とその環境で生まれる作用をできるだけ現実に近づけるようにするのが得策だ。そうすれば、本番で成功する確率が高くなる。実際にそういう練習をうまく取り入れている組織や業種は多い。たとえばアメリカ軍は、「ホーガンズ・アレイ」で長時間のロールプレイ演習を実施している［＊1］。「ホーガンズ・アレイ」は小さい町を模したＦＢＩの訓練施設で、人質救出の交渉などさまざまな演習を行うことができる。医療の現場では、人間の反応を再現するマネキンを使って本番で起こる現実を模している。マネキンは、研修医の処置に対して目が動くほか、痛みや違和感を示す表情や動きをするなど、本物の患者のような反応を示す。

怖いと感じている状況が日常的に遭遇するものでないなら、現実の状況を模した練習はとりわけ大切になる。これまでに紹介してきた、解雇の通達、難しい交渉、スピーチなどはまさにそうだ。このような状況に対処する練習は、ロールプレイが絶対にいい。本番にできるだけ近い環境を整えたうえで、どのような会話が繰り広げられるか、自分はそのときどんな感情になるかといったことを想像しながら練習するのだ。現実に起こりうる筋書きを身体に覚えさせ、現実に近い状況を体験することで、本番で味わうであろう不安や苦痛を許容範囲だと思えるようになれば成功だ。

ウォートン・スクール教授のアダム・グラントは、著書『GIVE&TAKE』をテーマにした講演の準備としていま述べた原則どおりのことを行った（その当時、スピーチや講演は彼にとってコンフォートゾーン外のことだった）［＊2］。実際に直面する条件を模倣した状況をつくりあげたのだ。コンフォートゾーン外のことに備えた練習の役割について、彼は次のように述べている。「練習のポイントは、本番のときとできるだけ同じ条件にすることだ。このポイントを考慮すると、何千もの聴衆を前にした講演を控えているときは、少人数を前にした練習が意外にもベストなのだと発見した。少人数だと全員の表情が目に入り、彼らの視線が網膜に突き刺さるような感覚になる。大観衆になれば、一人ひとりの顔や目があっているかどうかははっきりわからないので、本番のほうが実際に感じる刺激は弱くなる」

アダムの例からわかるように、本番とまったく同じ状況をつくりだせなくても（アダムの場合は数千人の聴衆を用意できなくても）、工夫しだいで代わりになる状況は生みだせる。たとえば、解雇を通達しないといけない人は、厳しい評価といった悪い知らせを伝える状況を活用すれば、伝え方の練習になる。大事な役員会で発言する練習をしたい人は、部署内での規模の小さな会議で練習すればいい。本番とまったく同じ状況ではないが、自分が備えておくべき現実がどういうものかはつかめるはずだ。

「回避を回避」せざるをえない仕組みをつくる

これまでと違う態度や言動を定着させるには、当然ながらそうしたい状況で自ら実行しないといけない。そのためには、「そうせざるをえない仕組み」を自分でつくるのが非常に効果的だ。要するに、**コンフォートゾーン外に出るしかない機会を自分でつくりだす**のだ。

とはいえ、自分が恐れている状況に自分を簡単に送り込めるわけがない！　だから、そうせざるをえない仕組みをつくるときにとても役立つ、「小さなことを確実に行う」と「小さな一歩を踏みだす」という二つのルールをお教えしよう。

ルール1の「**小さなことを確実に行う**」は、コンフォートゾーン外のことを自分に強制するときに、自分の許容範囲のことを確実に実行するという意味だ。ハードルを高くしすぎると、続かなくなる恐れがある。練習のときに「ちょうどいい」難易度にするように、取り組む内容もちょうどいいものにするというわけだ。たとえば、人前で話すことが苦手だが、部門責任者に就任したため今後人前で話す機会が増えるとしよう。さあ、あなたならどうする？

リチャード・ブランソンのアドバイスはかなり大胆だ。「思いがけないチャンスが巡ってきたが自分にできるか自信がもてないときは、とにかくイエスと言う［＊3］。やり方を学ぶのはその後だ！」。このアドバイスに従ってもいいが、チャンスにとりわけ苦痛なことが伴う場合は、悲惨な結果になりかねない。だからこそ、取り組むことの難易度は「ちょうどいい」ものであることが大切なのだ。人前で話すことが苦痛な場合は、人前で話す講座を受講すれば、無理なく人前で話さざるをえない状況が生まれる。何なら、昼休みに同僚の前で話す練習をしてもいい。それはハードルが高すぎると思えば、夕食時に家族の前で練習してもいい。いずれにせよ、自分にできることを選び、それを実行することが大切だ。

１９６０年代半ばに、心理学者のジョナサン・フリードマンとスコット・フレーザーが画期的な実験を行った〔＊4〕。彼らはカリフォルニアの住民に対し、「自宅の前の芝生に『安全運転』と書かれた巨大なビルボードを設置させてもらえないか」と尋ねた。当然ながら、かまわないと答えた人はほとんどいなかった。実はその数週間前に、彼らは別のグループに対し、同じメッセージが書かれた8センチ四方の看板を芝生に設置させてもらえないかと尋ねていた。小さな看板なので、ほぼ全員がかまわないと答えた。この実験で注目すべきは次の質問だ。その後、最初のグループと同じタイミングで巨大なビルボードを芝生に設置させてもらえないかと尋ねると、驚くべき結果が生まれた。かまわないという答えが最初のグループの3倍近くになったのだ。

考えてみれば、この実験はコンフォートゾーン外の状況でとるべき行動を示唆しているといえる。悪い知らせを伝えづらいと感じている人は、まずは会議室の確保という**「小さな一歩」を踏みだす**。簡単にできる最初の一歩を踏みだしたら、次の段階である会う約束をとりつければいい。仕事のためにソーシャルメディアでのアピールは不可欠だとわかっていながら、アピールするのが怖い場合はどうすればいいか。まずは、ソーシャルメディアに登録することから始めてはどうだろう。それならストレスをあまり感じずにできるし、次のステップに進みやすくなる。

企業での講演を控えてナーバスになっている人はどうすればいいか。この場合の小さな一歩は、主催者に電話をすることではないか。それにより、きっと不安が和らぐ。その企業の人たちが自分の仕事に前々から注目し、講演を心待ちにしているとわかることもあるからだ。そういうふうに評価されているとわかれば気分がいいので、ゾーン外に踏みだすモチベーションが高まるだろう。また、講演の開催がリゾート地で予定されていて、家族の同行も歓迎すると言われるかもしれない。それもまた、緊張を和らげる材料になってくれる。このように、**小さな一歩を踏みだし、小さなことを確実に行えば、それより大きなことを実行する意義に気づいてコンフォートゾーン外に出やすくなる。**

小さなことを確実に行うことと、ゾーン外に出ざるをえない仕組みづくりを、私は心から推奨する。思いきって踏みだし苦労に耐えてゾーン外に出た結果、出てよかったと心から満足している人は、本当にたくさんいる。

ひっこみ思案に戻らないための対策 ②

失敗を恐れない心のつくり方

最近いちばんイライラした出来事や、大変な出来事は何だっただろう。自分のコンフォートゾーンから確実にはみ出していることを思い返してみてほしい。私の場合はイヌの躾だ。そういうことになると、私はあまり我慢がきかないし、動物の心理を読み取る力に特別長けているわけでもない。だから、イヌの躾に最初に失敗したときは自分に腹が立ち(この種のことは、失敗すれば一目瞭然である)、自分には絶対にできないと思った。愛犬家とは程遠い存在なのだろう。だがそれは本書でも述べてきたように、私の思い込みでしかない! 振り返ってみると、昔イヌを飼ったときは、かなりうまく躾けられた覚えがある。それに、妻とともにふたりの子どもを「躾けた」ことに比べれば、イヌなどどうってことはない。そうして躾に対する認識を「学びながら上達すること」に改め、うまくいかないことは必ずあるが、続けていくうちにうまくなると思うようになると、実際うまくいくようになった（ちなみに躾に成功した我が家のイヌは、いま私の足元に大人しく控えている！）。

スタンフォード大学で心理学を研究するキャロル・ドゥエックは、名著『マインドセット「やればできる！」の研究』で、学習に関するマインド（意識）を、「固定マインド」と「成長マインド」の二つに分けている［＊5］。「固定マインド」は、イヌの躾に失敗したときの私のように、失敗を自分の能力の限界が低い証拠だととらえる。反対に**「成長マインド」は、失敗を学習に不可欠な過程ととらえる。**当然ながら、コンフォートゾーン外のことをするときに役立つのは成長マインドのほうだ。新たに身についた言動を定着させたいなら、このマインドが欠かせない。

不完全であることを恐れない

とはいえ、**失敗を学習ととらえる学習志向になれるということは、完璧でないことを受けいれられるということだ。**多くの人にとっては、それがコンフォートゾーン外のことを受けいれるという意味になる。リサ・ローズもそんなひとりだ。彼女は小学5年生の算数を担当する若手教師で、授業の内容を理解できず落ちこぼれる生徒がいるという事実を受けいれられずにいた。1回の授業や1週間の授業が理解できない生徒だけでなく、1学期のあいだずっと理解しないままの生徒もいるという。リサは完璧主義者で、教育のことを真剣に考え、生徒の学習の助けになりたいと心から願っていた。だからこそ、高給をもらっていたマーケティングの仕事を辞めて教職に就いた。彼女の手で教育を改革したいと考えたのだ。ところが、彼女を待ち受けていたのは教師の現実だった。彼女が担当するのは25名のまとまりのないクラスで、学力のレベルや学習スタイルもバラバラだ。しかも、教えても内容を理解できない生徒が多く、3、4回説明を繰り返しても結果は同じだった。

テストは赤点で成績評価もかんばしくない。なかには学年の水準に満たない生徒もいる。リサはそんな状況を何とかしたかった。芽生え始めたばかりの教師としての自尊感情から、成績の悪い生徒が教材を理解する力を客観的に調べてもらったほうがいいのではないかと考えたこともあった。成績を上げるためにさまざまな努力をしても、何人かは改善しないままだった。リサは最悪な気分だった。自分は教師失格だと感じ、この転職は間違いだったかもしれないと思うようになった。

しかし、経験豊富なほかの教師陣から指導と励ましをもらううちに、リサは成長マインドへと変わっていった。教師としての能力は「不変」ではなく、教える技術やものの見方は時とともに必ず成長し成熟すると考えるようになったのだ。なにより、自分をもっと許せるようにならないといけないと気づいたことは大きい。これはなかなか簡単にできることではない。

失敗を能力の限界の証拠ととらえれば、それが現実となる。そして、自分が嫌になり、失敗したことを次から避けるようになる。避けるまでいかなくても、しょせん自分の限界は決まっていると思い込んでいるので、失敗したときと同等の努力しかつぎ込まない。一方、成長マインドはまったく違う。失敗や間違いをしても学習の一環としてとらえるので、新たな行動パターンを定着させるうえで大いに役立ってくれる。

「小さな勝利」を積み重ねる

コンフォートゾーン外の行動に対するレジリエンスを育むうえで、身につけてほしいことがもう一つある。**ゾーン外の言動をとったら、そのときによかったと思えたことや満たされたこと、前向きになれたことなどを見いだしてその価値を認識し、自分の糧にしてほしい。**そうすれば、初めてその言動をとったときの誇らしい気持ちや、実際に行動に移したら不安が消えたことがよみがえる。自分にとってよかったと思える経験は、次につながる自信となり、初めてでなくても感じてしまう不安や恐れを打ち負かすうえで役に立つ。だからよかったことなどの「小さな勝利」は、自分の内から生まれる自分だけの経験だ。

こそ、強力な武器になる。**心理学の研究でも、自分の内から生じるモチベーションは、外的な報酬によって生じるモチベーションと違って非常に強力で持続性があり、失いそうになってもすぐに取り戻せることが何度も実証されている。**

たとえば、テレサ・アマビールとスティーブン・クレイマーの名著『マネジャーの最も大切な仕事』に、日々働くなかで、比較的ささいなことだがその達成や経験に意義を見いだし自分の糧にできる人（要するに「小さな勝利」を見いだし自分の糧にできる人）は、仕事に集中する力があるので、いずれ最終目標に到達できる可能性が高いとある［＊6］。自分の言動をこれまでと変えようとしているケースにあてはめるなら、自分で設定したささやかな目標を達成する、行動時の感情が以前と変わった（例：それほど嫌だと思わなくなった、楽しいと感じる部分が見つかった）などが「小さな勝利」だといえるだろう。

この本でとりあげている内容について、臨床心理学者と認知行動セラピストのグループと話をする機会があった。彼らはいわば、小さな勝利に気づかせることを生業にしている人たちだ。生きづらくさせているパターンを本人に気づかせ、豊かで充実した幸せな人生に導く彼らとの会話は、実に示唆に富むものだった。最初の一歩を踏みだしてからもその勢いを維持するにはどうすればいいか質問すると、「見いだす力が大切」という答えが間髪を容れずに返ってきた。行動を変えたい場合、自分の試みを注意深くしっかりと観察することが基本的に不可欠だという。具体的にいうと、不安が軽くなる、実際にやってみると思っていたほど不安にならない、といった事実がないか意識し、**思いきって一歩踏みだしたときに生まれた前向きな感情はすべて記録し、その試みが有益な経験となったときや、想像以上に楽しめた場合はその旨も記録する**、といったことをするのだ。

「必要悪」の調査に協力してくれた小児科医は、見いだすことの大切さを医師になりたての時期に痛烈に実感したと言っていた。新人のときは、幼い子どもに痛みを伴う処置が必要だと心から納得できない（しかも処置のあいだ、保護者は表情を曇らせている）。医学部時代に受けた講義で理論はわかっていても、医師になりたての頃はその重要性を実感できないことが多い。最初の治療で痛みを伴う処置を行ったおかげで完治したという経験がまだないのだから無理もない。

しかし、実際に経験すると、彼らは変わる。痛みを伴う治療を通じて子ども（とその子の両親）が何を得るかを認識すれば、処置のつらさに向き合いやすくなる。そのことについて語った医師の言葉を紹介しよう。「初めのうちは本当につらかったです。子どもを泣かせたくはありませんが、いまでは泣かれても落ち着いて対処できます。何をしたときに泣くかがわかれば、今後の参考になりますから」

こういう経験は医師に限った話ではない。この本のための取材を通じて、コンフォートゾーン外のことをするメリットを反芻することで、2回め、3回めに対する不安の緩衝材にしていると語った人はたくさんいる。ロジャー・エヴァンスは転職先で協調性を高める努力をしているとき、会社に馴染んだと思えたときの気分のよさをつねに意識するようにした。アニー・ジョーンズは、仕事以外の場面で自分を主張しようとするときに、そのメリット――力があると実感できて周囲に影響を与えられる――をつねに意識し続けた。

自分を客観視する

ジョギングやサイクリング、または歩くことが好きで、競技大会やチャリティ・ウォークに参加した経験のある人は、「距離表示」を目にしたことがあるはずだ。たとえば「5㎞」の表示なら、出発地点から5キロ進んだことを教えてくれる。距離表示は、自分の成果をリアルタイムで教えてくれる点が素晴らしい。「10㎞」と書いてあれば、自分が10キロまで進んだとわかり、ゴールまで残りがどれくらいかもわかる。コンフォートゾーン外のことも、競技大会と同じだ。距離表示があれば、どの段階まで進んだかが明らかになる。自分の言動を変えようと苦しんでいるときに距離表示があると、自分がどこまで進み、残りはどれくらいなのかがわかるので非常にありがたい。

コンフォートゾーン外に出ようと努力している人たちに協力し研究するうちに、言動が変わるまでに通常五つの段階を経ることがわかった。進歩の目印となる段階は、知っておくと便利だ。第1段階は「**回避**」で、コンフォートゾーンの外に出ようとしていない段階を指す。私に大学ではなく企業から講演の依頼が来始めたとき、それは明らかにコンフォートゾーン外のことだった。話が来ても反射的に断り、「大学でのキャリアには必要ない」や「有意義な時間の使いみちではない」といった理由を自分に言い聞かせた。そうした言い訳は「回避」以外の何ものでもない。とはいえ、この段階があるからこそ、次の「**検討**」の段階に進むことができる。第2段階になると、やってみたらどうなるかと漠然と考えるようになる。

第2段階のことはよく覚えている。講演や研修の依頼がメールで届くと、私は一気に不安に襲われた。どんなふうになるのか、何を話せばいいのか心配でたまらないのだ。ときには、講演の流れをワードで書いてみることもあった。「やる」とは言わないまでも、頭のなかで自分がその行動をとっている場面をぼんやりと考えるようになり、「回避」の段階から進歩したのは確かだが、まだ第3段階には達していない。「検討」の次は「**試み**」で、この段階になると実際にゾーンから出て行動を起こす。たとえば、ミーティングで発言する、上司に昇給を要望する、怖くてできなかった電話をかけたり話をしたりする、といったことだ。ようするに、回避するのをやめて考えをまとめ、実際にゾーン外のことを実行してみる段階に入ったということだ。試みの段階に入ったからといって、必ずしもうまくいくとは限らない。むしろ最初のうちはとくに、失敗することが多い。私が初めて企業の依頼を受けて行った講演もそうだった。細かい説明に長々と時間をとり、話の内容も専門的すぎた。

「試み」のステップで心を折らないようにしよう

私が若手教員として学部会議で初めて発言したときも失敗した。鼓動が速く心臓が胸から飛びだしそうだったことをいまでも覚えている。周囲を気にしつつ、何と言おうかと考えながら頭のなかで台本を書き、台本どおりに発言したが、後になってから、結局は誰の耳にも何ひとつ残らなかったと気づいた。とはいえ一歩踏みだしたことは間違いないので、私にとってはかなり大事な出来事だった。

「試み」の段階の最初のうちは、不運に襲われたり間違った方向に進んだりする恐れがあるため、ここで後戻りするケースが多い。試してみてうまくいかないと、「自分には向いていない」と決めつけたり、やってみようと思うことが「とんでもない間違いだった」と思い込んだりする。この点をしっかりと覚えておき、**失敗してもおかしくない「試み」の段階でうまくいかなくても、決して後戻りしないでほしい。**第3段階では、実験と実習にあけくれるべきだ。この段階でのあなたは、新たな言動に慣れていない新人だ。自分より年下の人が簡単にこなしているように思えても、自分にできる気がしなくても、学習中の身なのだから仕方がない。うまくできなくてもやり続け、信頼できる指導者やアドバイスをくれる人を見つけるといい。この段階ではとにかく、何度も繰り返し挑戦することを強調したい。やり続けていれば、そのうち追い風が吹き、経験が積み重なっていくうちに次の**「仕上げ」**の段階へと移行する。そうすると、試してみるだけにとどまらず、その言動を自分のものにする方法を探すようになる。

第4段階の「仕上げ」になると、その言動を自分流にカスタマイズすることに本気で取り組めるようになる。それは、自分なりのやり方に磨きをかけて完璧に仕上げることも含む。言動を変えても、うまく機能している部分とそうでない部分がきっと出てくるので、ちょっとした「実験」を行うようになる。**何か新しいことを試し、フィードバックをもらって調整し、また試す**という具合だ。この段階に入るまでに、「同僚との雑談」といった特定のことはできるようになっているかもしれないが、その応用（例：初対面の人との雑談）はまだできない。だから、この段階でその言動をとれるようになる場面を広げることもある。いずれにせよ、第3段階までに比べると、積極性も言動を操る力も格段に上がっているのは間違いない。かつては、ただ生き残れればいい、自分が思い描いた言動がとれればいいいと思っていたかもしれない。だが「仕上げ」の段階になると、言動を完璧に仕上げてそれを自分のものにする術を探すようになる。自分のものになれば、必要な場面で本心から効果的な言動をとれるようになる。

ゾーン外を「満喫」できたときが、生まれ変わったとき

そうしていると、いずれ最終段階である「**満喫**」に到達する。新たに身につけた言動が、本来備わっているもののようになるのだ。スポーツで動きを記憶した筋肉が思いのまま動くように、考えることすらしない。セリーナ・ウィリアムズがテニスボールを打つように、リオネル・メッシがサッカーボールをドリブルするように、その言動をとることができる。

私の場合、講義をすることがある意味この段階に達したように思う。最初は教室に入るのが怖くてたまらなかった。授業を組み立てたことはもちろん、授業をした経験がほとんどなかったからだ。だが職業上、講義を避けることはできなかった。講義をすることが、雇われる必須条件の一つだったからだ。だから一足飛びに「試み」の段階まで進まざるをえ

なかった。私にとっては、「試み」というより「生き残り」という表現のほうがふさわしかったと思う。なにしろ1年めの私の仕事といえば、講義しかなかったからだ。だから、1コマ先の講義が準備してある状態を保つことで、何とか学期を乗り切ろうとした。だが月日がたつにつれ、私の講義は大きく変わっていった。教え方を必死で磨き、「試み」から「仕上げ」へと移行し、「満喫」に入ったと思う。いまの私にとって、講義はごく当たり前に行うことだ。もちろん、できるだけ学生の興味を惹き、ためになる講義にするうえで、未だに苦労することはある。だが、授業の流れ、時間の配分、学生との向き合い方で不安を感じることはない。それだけ自分らしい講義が自然にできるようになったということだ。

苦痛に感じる状況に自ら足を踏みいれてうまくいかなかったとしても、決して自分のことを敗者だと思わないでほしい。また、自分のものにしたい言動をとるよう努めているが、未だどうすれば自分のものになるかわからない場合も同じだ。**自分を責めるのはやめて、コンフォートゾーン外の言動は学習を通じて身につくものだと気づいてほしい。**それには時間と努力と対策と忍耐が必要なのだ。まだ「試み」の段階にしかたどり着いていないとしても、それも立派な成長の証だ。先にも述べたように、本当は避けたくないのに避けていることがあると気づけたのなら、それだけで大躍進だといえる。言動を変えることを目的地までの旅だととらえることで、その途中で味わう挫折や苦労に寛容になってほしい。

成功体験がいかなるときでも背中を押してくれる

コンフォートゾーン外のことに取り組むと、取り組んでいることの「ラインナップ」ができる。ただし、することは同じ旅でも、目的地が変われば到達する段階も変わる。私の場合、ブランダイスのMBAや大学の授業で教えることは「満喫」の段階に入っているといえるが、学生も授業に期待されることもまったく違う別の大学で働き始めたとしたらどうか？　大学生ではなく企業の幹部を相手に講義をする場合はどうか？　そうした場合の講義では、おそらく「仕上げ」に力を注ぐことになると思う。これまでの流れで自動的に講義ができることはなく、教え方を模索することになるだろう。

もっと違う状況になれば、「試み」や「回避」の段階になることだってありうる。やったほうがいいのに避けていると自覚しながら、一歩踏みだすことができないかもしれない。そんなときは、自分の「ラインナップ」に含まれるさまざまな状況を思い浮かべるのが得策だ。**とある状況で苦労しているなら、別の状況で得た自信を拝借すればいい。**たとえば、面接をうまく乗り切ったときに得た自信や達成感を思いだすことで、その前向きなエネルギーを人脈開拓の試みに活用できる。小規模な会議の場でうまく発言できれば、それをモチベーションにして、職場で苦痛に感じている別のこと（同僚を前にしたプレゼン、上司への提言など）の克服にさらに力を注げばいい。

ひっこみ思案に戻らないための対策 ③

人はひとりでは何もできないことを知る

ひとりで何でも完璧にできる人はほとんどいない。コンフォートゾーン外に出ることに関していえば、ひとりでは絶対に無理だ。**誰かが助けてくれる。誰かが元気づけてくれる。誰かがゾーン外にある目的地にたどり着くテクニックや方法を教えてくれて、それを実現する勇気やエネルギーを与えてくれる。**この本で紹介してきた人たちも、さまざまな支援を受けた。ニューハンプシャー州で石鹸を作っているサラ・リンデンもそうだった。サラが売り込みに失敗したとき、ひとりでヤギの牧場に暮らし、家族も友だちもなく、つらくても続けたほうがいいと元気づけてくれる人や勇気づけてくれる人もおらず、失敗をひとりきりで受けとめていたとしたら、二度と店に売り込みにいくことはなかっただろう。断られるという経験には、人を押しつぶすだけの力がある。

だが、まったくのひとりで生きている人はほとんどいない。幸い、サラにも家族や友人をはじめ、彼女を支えアドバイスをくれる人がいた。彼らから勇気と責任意識をもらったから、サラは再び店舗へ石鹸を売り込めるようになったのだ。まず、サラの夫ジェームズは、サラがこの世の終わりであるかのように、自分の石鹸を買ってくれる店などあるはずがなく、自分は何もできないダメ人間だと口にしたとき、「それは違う」と彼女を諭した。サラと同様に酪農を営む親友のルーシーは、商品を売ろうとして失敗した自らの経験を語りながら、サラに必要なアドバイスや指針となるものを与えた。断られることがあるのは当然だ、とルーシーは言った。野球では、10回の打席のうち3回ヒットを打てば好打者とみなされる。売り込みも同じだ。次の店で何が起こるかは誰にもわからない。それを知るには売り込んでみるしかない。夫のおかげで事実を正しく認識し、親友のアドバイスで信念を取り戻したサラは、勇気を出して1軒めより少し規模の小さい店に売り込みに行き、注文を手に笑顔で店を後にした。彼女のように、誰かに助けてもらったおかげで成功を手にできたという人はたくさんいる。

ひとりでゾーン外に出る必要はない

周囲と協力しながら働くことに抵抗があったロジャー・エヴァンスは、ビジネスコーチの協力を得た。コーチが会議中のロジャーの様子を録画してくれたおかげで、ほかの社員が彼のどういうところを不満に思っているかが明らかになった。そればかりか、コーチとのセッションは、ロジャーにとって最大の気づきの場となった。彼以外の社員が話していることが鮮明に理解できたほか、周囲にどんな印象を与えているかもはっきりわかったからだ。たとえば、ロジャーが会議の主導権を握ったり、会話を途中で遮ったりすると、みな黙り込んで会議がとまってしまっていた。こうして目の当たりにした現実から「データ」を得たおかげで、自ら変わろうと考えられるようになった。

恩人がいたのは、学生自治会の学年委員に立候補したエラ・チェンも同じだ。立候補したものの、その立場を勝ち取るためにやらないといけないことに怯えていたが、勇気を出して投票権のある人たちを訪ねてまわって話をするうちに、そういう会話には楽しいと感じる部分がたくさんあることを発見した。このエピソードを紹介したときには触れなかったが、実はエラの選挙活動を後押しした秘密兵器が存在する。エラの友人である学生自治会のメンバーのひとりが、最初の数回の活動に同行してくれたのだ。この友人のおかげで、エラは自分自身をアピールする必要はなく、大学生活で困っていることを素直に尋ね、自治会で対処できないか話し合うことが大切だと気づくことができた。それにより、選挙活動で出会う人たちとの会話を楽しめるようになったのだから、エラにとってかけがえのないアドバイスだったといえる。

私にも、大事な場面で助けてもらった恩人が何人かいる。先にも紹介した、大学院のアドバイザーを務めていたリチャード・ハックマン。私に20歳の人間としてどうあるべきかを教えてくれるとともに、組織行動学の分野へ進むきっかけを与えてくれた、コロンビア大学のジョエル・ブロックナー教授。だがいちばんの恩人は、父だと思っている。学業や仕事のうえでコンフォートゾーン外のことをしないといけないとき、決まって父がアドバイスをくれた。高校生のときに文章の書き方を勉強していると（著作のなかでこの話を振り返るとは思わなかった）、父は自分のことを差し置いて作文のコーチを買ってでてくれた。私が大学を1年休学してパリに留学していたとき、異国の地で文化の違いのせいでコンフォートゾーン外のことに直面したビジネスマンのとる行動について研究したいという熱意が生まれ（このテーマへの興味はそれほど前からもっていたのだ！）、嬉々としてそのことをファックスで伝えた相手も父だ。父は私の熱意の矛先に興味津々で、その研究に名前をつけたほどだが、その熱意に動かされてキャリアを転身することについては心配そうな様子だった。
研究者としての道のり——博士課程を専攻し、論文を書き、初の講義の日を迎え、いまは著作者として人前に出る機会が増えたことに慣れていっている最中だ——で節目を迎えるたびに、父は私のそばにいてくれた。何と言っていいのか、何をすればいいのかわからず不安になると、父は必ずアドバイスをくれる。「初めての講義が不安？　心配いらないさ」と父は言った。その時点で教員生活30年めを迎えていた父は、自信に満ち溢れていて、教室に初めて足を踏みいれるときに気をつけるべきことを具体的に教えてくれた。本を書くことについても父は経験ずみで、たくさんの著作がある。人前で話すことについても同じで、ラジオやテレビに出ることになったときも父に相談し、話す原稿を書いたら、誰よりも先に父に読んでもらった。私はこれまでに、さまざまな職業の人の自伝や経験談を読んできた。だから、コンフォートゾーンから出るのを助けてくれた恩人がいるのは、私だけではないと自信をもっていえる。

助けを求めるのは強さの証

とはいえ、助けを求めるのが苦手な人はいる。自分にはそもそも成し遂げられる力がないと感じている人はとくに、助けを求めたら力のなさがみなにバレてしまうと考えがちだ。そういう考えをしている人は、**協力やアドバイスを乞うことは、弱さではなく強さの証**だと気づいてほしい。この本をここまで読んできて、コンフォートゾーン外のことをするときは、どんな人でも何かしら苦労するという認識に変わったと思う。だから、ゾーン外の言動を自分のものにするうえで、助けになると思うもの（指導やアドバイスをくれる人も含む）はどんどん活用してほしい。

ゼネラルモーターズのメアリー・バーラCEOは、若い頃に先輩に助けてもらって会議で発言できるようになった。スティーブ・ジョブズは、大学で知り合ったロバート・フリードランドから、積極的に自分を主張しその場の主導権を握ることを学んだ。ロバートに出会う前の彼は口数が少なく内向的で、目立たない存在だったという。リチャード・ブランソンは、師と仰ぐフレディ・レイカーに協力してもらって人前で話す恐怖心を克服した。誤解しないでもらいたいのだが、人生の師と呼べる人がいなくても、ゾーン外のことはできるようになる。同僚からもらったフィードバックやアドバイス、本、雑誌、セミナーなどで仕入れたアドバイスを自分の師として活用すればいい。友人や家族に、精神的な支えになってもらえばいい。親しくしている友人、家族、協力者たちに、自分で変わろうと努力する責任を一緒に背負ってもらえばいい。どんなにささいな進歩も見つけて褒めてほしい、ラクな道に戻ろうとしたら指摘してほしいと頼むのだ。肝心なのは、完璧な指導者を見つけることではない。誰かの助けはどんな人にも必要だと悟り、さまざまな場所から自分の助けとなるものを見つけて活用することだ。

しょせん、コンフォートゾーンから出て行動を起こすことは選択肢の一つでしかないので、どうするかはじっくりと検討して決めるしかない。念のためにいっておくと、奇跡が起きる場所はそこら中にある。コンフォートゾーンの外でしか起きないと思うのは間違いだ。

第8章

思い込みから自由になる

ただ思い切りがよくても仕方がない

この本で論じてきたテーマを振り返ってみよう。まずは、コンフォートゾーン外の行動を苦痛に感じる理由を論じ、どのように避けようとするかを説明した。そのうえで、努力、テクニックや対策、忍耐を通じて、できないと思っていたことができるようになるまでの過程を追った。さまざまな立場や職業の人たちの実体験を例として共有したことで、ゾーン外に思いきって踏みだしてみようと思えるようになったのではないか。

とはいえ、ここで筆を置くのは無責任というものだ。世間にはコンフォートゾーンに関する説がいろいろと出回っていて、通説としてすっかり定着している。それらについて少しも触れないわけにはいかない。コンフォートゾーンに言及する文章はたくさんあるが、はっきりいってその多くは誤りだ。誤りとはいかないまでも、世間に誤解を与えている。実際にそういう文章を読むと、「思いきって踏みだせば大丈夫」や「文句を言わずとにかくやってみなさい」（私の意見では、この文言が誤解を生む大本命）というように、コンフォートゾーン外に出て行動するのは案外簡単だと思わせる意見が大半を占める。だが、すでに学んだように、**「文句を言わずやった」からといって、コンフォートゾーン外の行動ができるようにはならない。それに、そもそも思いきって踏みださないほうがいいケースもある。**

ここからは、通説として広まっている幻想の真の姿を暴き、最後に大事なポイントを押さえておこうと思う。コンフォートゾーン外の言動にまつわる五つの幻想と現実を披露するので、賛同できるかどうかみなさんの目で確かめてもらいたい。

コンフォートゾーンに関する大きな誤解

幻想1：コンフォートゾーンの外に出るには、思いきって踏みだしさえすればいい

現　実：コンフォートゾーンの外に自ら進んで踏みだそうとする人はほとんどいない。踏みだすという行為は、検討と熟考をじっくり重ねた賜物だ

08 思い込みから自由になる

私がインタビューした人のほとんどが（それに私自身の経験も含む）、ゾーン外に踏みだす勇気が瞬時にわき起こるようなことはないと述べている。頭上でいきなり電球が光って、「そうだ！　交流イベントに参加しなければ！」「雑談ができないはずないじゃないか！」と口にしたくなることはない。思いきって踏みだせるようになるには時間がかかる。本当にゆっくりと少しずつしか進歩しない。進歩には実際の行動を伴わない部分が多く、その代わり、自分の言動を観察する、とりたい言動をとっている自分を想像する、とりたい言動をとる勇気を自分のなかで育む、といったことを行う。そうして準備が整うと、ゾーン外に踏みだしている。実際に自分で行動を起こしている。一見すると、瞬時に起きたように見えるかもしれないが、自分ではそうでないと知っている。どこかの時点でどうしようもないほど自分自身への不満が募り、思いきってやってみる決意が固まる寸前まで意欲が高まり、何かに突き動かされて行動を起こした、というのが真実だ。

私は、「思いきって踏みだせばいい！」や「人生はコンフォートゾーンを出たところから始まる！」といったメッセージを耳にするたびに、かえって人々のやる気を失わせるのではないかと思えてならない。目に見えるものから結論を導きだすのは危険だ。易々と何の努力もせずできているように見えても、内面では苦労しているかもしれない。いや、かなりの苦労をしていると思っていい。私も人前で話をするときに、何度もそういう経験をしている。まったく緊張していないように見えたといわれても、実際には吐きそうで倒れそうだった。私がこれまでに聞いてきた、さまざまなやり方で自分の言動の幅を広げようとする人たちの話を思い返しても、ゾーン外へ踏みだすことはやはり簡単ではないといえる。

ゾーンの中でも成功は手に入る

幻想2：コンフォートゾーンの外に出ないと、奇跡は起きない

現　実：コンフォートゾーンの中でも外でも奇跡は起きる

グーグルで「comfort zone（コンフォートゾーン）」という言葉を画像検索すると、瞬時にわかることがある。コンフォートゾーンは不当に悪者扱いされている。ある図では、コンフォートゾーンを「退屈な人生」や「どうにか生きているだけ」といった表現で描写している。ほかにも、「停滞」「不安」「凡庸」の象徴にされている図もある。それに、本書の冒頭で紹介した、「コンフォートゾーン」と「奇跡が起きる領域」を表す有名な二つの円の図も、奇跡が起きるとすれば絶対にコンフォートゾーン内ではないと暗に示している。

だが、本当にそうだろうか？　コンフォートゾーンにとどまっていては、いいことは何

もないのか？

仮に、どうしてもやる気になれない場合はどうすればいい？　心が弱ってすっかりまいってしまい、行動を起こしたところでうまくいく確率が限りなくゼロに近いということもある。私が大学で働き始めてすぐの頃、コンサルティングや執筆の仕事を増やそうかと考えたことがあった。それは、当時の私にとってはコンフォートゾーンから大きく踏みだすことを意味した。しかし、タイミングが悪かった。終身在職権を獲得しようと必死だったので研究に追われていたし、新たにＭＢＡの講義も任されるようになった。それに、第一子が生まれたばかりで、第二子ももうすぐ生まれようとしていた。毎晩4時間しか眠れず、講義中に意識が混沌とし、自分が予定していたことを話したかわからなくなったこともある。講義の半分が過ぎたところで、とても最後までもたないと感じたことも一度や二度ではない。私は仕事の幅を広げたかった。そもそも大学で働き始めたのは、研究を通じて世の中を変えたいと思ったからだ。しかし、当時はとてもそんなことができる状態ではなかった。限られた時間とエネルギーのすべてを、終身在職権の獲得に費やす必要があった。ただから、私は大学での研究と論文の執筆というコンフォートゾーン内にとどまった。ただしそれは、時間とエネルギーと好きなことをする余裕が生まれるまでの話だ。

また、特定の仕事をこなす力が自分より優れている人がいて、かつ、大事な目標の達成に時間的な余裕がない場合も、コンフォートゾーンにとどまったほうがいいといえる。その好例が、洗車サービスを起業したダン・ゴールドだ。覚えている人も多いと思うが、彼は洗車サービスの効率化を図るソフトの開発は夢中で行うものの、作ったソフトの売り込みや販売は苦痛でやりたくないと感じていた。もちろん、この本で紹介しているテクニックを使ってコンフォートゾーンから出られるようになることはできたと思う。だがそれには大きな問題が二つあった。まず、ダンには売りたいという熱意が一切なかった。だから、思いきって踏みだしたくなるだけの信念がもてなかった。それに、時間的な制約もかなり厳しかった。ソフトを必要とする洗車サービス会社の数は少ないので、最初に売り込んだ会社が契約にこぎつける確率が高い。そこでダンは、未熟な販売スキルが上達するのを待つのではなく、自分よりはるかに営業に適した人材を雇った。

不得意なことは他人に任せてもいい

歴史に残る大成功を収めた共同経営に目を向けると、ダンのようなやり方が理にかなっていることがよくわかる。足りないスキルを補完しあう人が集まって、部分的なスキルの集合以上の素晴らしい一つの会社を築いた例はたくさんある。たとえば初期のアップルは、高い技術スキルをもつスティーブ・ウォズニアックと、先見の明とデザインセンスを持ち合わせたスティーブ・ジョブズとの共同経営だった。また、ヒューレット・パッカードは、デイブ・パッカードのビジネスセンスと、ビル・ヒューレットの技術革新を起こせるほどの専門知識という完璧な組み合わせの産物だといわれている。もちろん、スキルの補完をコンフォートゾーンにとどまる言い訳に使い、難しいことを何でも誰かの手に委ねるのは問題だが、場合によっては——**変わろうとするモチベーションが低く、時間的な余裕がない場合はとくに**——、**自分は得意なことに専念し、得意でないことはほかの誰かに任せてもまったく問題ない。**

それに、奇跡はコンフォートゾーン内やゾーンからほんの少し出たところで起きることもある。そういう場所のことを「スイートスポット」と呼び、ここでいう奇跡は、スキルのレベルが一定量に達して「フロー」を経験する状態のことを指す。「フロー」という概念を提唱した心理学者のミハイ・チクセントミハイによると、フロー状態になると、時間が過ぎていく感覚がなくなり、自分のことや不安について考えなくなり、自分が取り組んでいることだけに集中するという［*1］。

一般住宅に太陽光発電の電気を供給するサンラン社を創業したひとりで会長を務めるエドワード・フェンスターが、この奇跡についてじつにうまくまとめているので紹介しよう

［＊2］。「何かに従事して満足した状態を保つためには、ほんの少しコンフォートゾーンから出て行動する必要がある。あまり大きく出すぎると、力が足りずにひどい結果になりかねない。かといって、コンフォートゾーン内でラクなことばかりしていては、退屈になる」

いずれにせよ、ここで伝えたいのは「状況を自分で見極める」ということだ。コンフォートゾーンにとどまるべき状況もあれば、少しだけゾーンから出たほうがいいこともある。そしてときには、大きな一歩を踏みだすべきときがある。

誰もがゾーンの外に出るのは怖い

幻想3：コンフォートゾーン外に出て苦労するのは自分だけだ
現　実：コンフォートゾーン外に出て苦労しない人はほぼいない

この本で扱っているテーマの調査は、いろいろな意味で比較的簡単だといえる。たとえば、コンフォートゾーンを出て行動することについての話はすぐに集まる。そういう話が一つもない人はいないし、エピソードが一つ以上ある人も多いからだ。実際、「この本のテーマは、コンフォートゾーンを出て行動することはなぜ大変なのか、どのようにそれを避けようとするのか、避けずに向き合うために何ができるかを明らかにすること」だと説明すると、みな笑顔になって、自分にも覚えがあるという顔でうなずく。なかには「とっておきの話がありますよ！」と言って、人脈づくり、雑談、スピーチ、自己主張をするといった状況での苦労を話し始める人もいる。このテーマに関するエピソードをもっている人が大勢いて、みなエピソードを気軽に話してくれることに、私は本当に驚いた。

コンフォートゾーンを出て行動することは、万人に共通することだといっても過言ではない。現実の話に限らず、多くの人に愛されている文学や映画の登場人物にもあてはまる。物語構築の世界には、神話研究者のジョーゼフ・キャンベルが提唱した「ヒーローズ・ジャーニー（英雄の旅）」と呼ばれるパターンがある[＊3]。これは、「主人公」が慣れ親しんだ土地を後にして馴染みのない世界へ赴き（往々にして未知の世界へ飛び込むことになる）、さまざまな「試練」に耐えて最大の恐怖に立ち向かい、誰も想像しなかった変化を遂げて帰還するという物語のパターンを指す。考えてみれば、いまも昔も人々の記憶に鮮明に残る主人公やストーリーは、このパターンをなぞっているように思う。映画の「オデッセイ」「ホビット」「スター・ウォーズ」をはじめ、冒険ストーリーの王道にこのパターンを核とする作品が多い。

そういう作品では、人の脆さや勇気、チャンスをものにすること、思いもよらないことを学ぶ姿などが描かれる。フィクションではなく現実の世界で生きる私たちには、自分で自分のストーリーを創作できる。自分をヒーローにした物語を自分で書けばいい。人脈を広げる、誰かと雑談する、会議で発言する、職場や家庭で自己主張するといった状況で、どんなストーリーを描くかは自分しだいだ。そのときあなたは、一歩を踏みだすための勇気を奮い起こすだろうか？　コンフォートゾーン外ではあるが、それをする意義があると心から信じられることや、個人的な成長もしくはキャリアアップにとって重要だとわかっていることを実行すれば、自分について新たな発見をする機会となるかもしれない。自分の物語の結末を創造できるのは、その機会が許された自分自身だけだ。

うまくいかないという自覚があると、うまくいかないのはすべて自分が悪いと思うかもしれない。家を離れないといけない状況や、大勢の人の前で発表しないといけないときなど、特定の状況に対して葛藤が生まれることを、自分の性分や性格や能力の低さのせいだと思い込むのだ。だが、自分の経験についてはその「裏側」を詳細に知ってしまうのに対し、他人の経験については「表側」しか目に見えない。本書では、私たちのような「ごく普通」の人から自らの葛藤を赤裸々に公表した著名人まで、さまざまな人の物語を紹介している。それらを読むことで、コンフォートゾーン外のことで苦労したときの感じ方を「正常」に戻してほしい。あなただけが苦労するのではない。苦労するのは当たり前であり、本書で紹介した対策やテクニックを使えば、葛藤を抱えていても行動を起こして好循環の波にのれるようになる。

ゾーンの外でかかるストレスは工夫で軽減できる

幻想4：コンフォートゾーンから出るには、「文句を言わずやる」ことに尽きる

現　実：**「文句を言わずやる」ことは大事だが、ほかの対策を活用すれば、「文句を言わずやる」必然性は結果的に下がる**

この本のための調査を通じて、コンフォートゾーン外のことをするときの対策は、「文句を言わずにとにかくやるだけだ」と語った人は実に多い（その大半は男性だ）。もっと生々しい表現をする人もいたが、みな言っていることの本質は同じだ。心理学的ないい方をするなら、感情に行動を支配されず、論理的で分別があり、大局を見る自分に主導権を握らせろということだ。たとえば、人前で話すのが怖いのにそうする必要性に迫られれば、その恐怖心に対処する必要がある。対処しなければ、恐怖心に支配されて部屋から出ていってしまうかもしれない。確かに、文句を言わず努力する（感情を抑える）ことはときには必

要だ。しかし、それが唯一の対策ではないし、コンフォートゾーンから出るためにはそうするしかないと思うのは絶対に間違いだ。この本で紹介した対策やテクニックを活用すれば、「文句を言わずにただやるしかない」というストレスは減ると思う。思考をリセットする（歪んだ思考や誇張された思考を正常な状態に戻す）ことができれば、やろうとしていることが自分にとって自然にできる範疇になくても、その意義と目的に心から共感できれば、そして自分がやりやすいと感じるようにカスタマイズすることができれば、感情をあまり抑えなくてもよくなる。自分の思いどおりにできているという感覚や心の余裕が増し、全体的にストレスが軽くなる。だから、「文句を言わずやるしかない」と思っている人は、次のことを肝に銘じてほしい。文句を言わずやることも必要だが、そうせざるをえない事態に陥る前に、できることはほかにもたくさんある。

生まれ変わり続けるために

幻想5：やる気が十分に鼓舞されれば、誰でもコンフォートゾーンから出て行動できる

現　実：誰でもできるとはいえ、やる気が鼓舞されるだけでは不十分だ。努力、忍耐、対策に加え、コンフォートゾーンから出て行動することの難しさを積極的に理解しようとすることも必要だ

コンフォートゾーンから思いきって踏みだすことは、誰にでもできる。さまざまな状況でゾーン外の行動をとることに成功するたくさんの人たちを目の当たりにし、話を聞いた身としては、そう思わざるをえない。

ただし、大事な注意点がある。コンフォートゾーンを出て行動できるようになるのは、不思議な力が働くからではない。ゾーン外のことをする勇気を育み、それを自分のものにするには、時間と努力と忍耐がいる。人は、未知の世界で何かを学ぼうとしても、すぐに慣れ親しんだ場所へ戻ってこようとする。会議で発言しようとしてうまくいかなければ、二度と発言しようとしない。だからこそ、この本で紹介した対策やテクニックを使って、定着する確率を高めることが大切なのだ。

コンフォートゾーン外のことを自分のものにする方法はいろいろある。自分がより自然に取り組めてやりやすいと感じる形にカスタマイズすることもできるし、練習に「ちょうどいい」状況を見つけて試すこともできる。正しい方向に導き心の支えとなってくれる師や同僚を見つけることだってできる。このほかにも、ゾーン外のことを自分の言動のレパートリーに加えるためにできることはたくさんある。こうした対処法のなかから自分に合うものを見つけて実行に移せば、「一度きり」で終わることなく、状況に即した言動を柔軟にとれるようになる。ゾーン外に思いきって踏みだせばいいという話ではない。最初の一歩を踏みだしたときの効果を持続させ、その言動が自分のレパートリーに加わる条件を整えるのだ。

人生は、コンフォートゾーンの範囲を広げることの連続だ。よちよち歩きの頃は、床を這うという快適な動きから、誰の手も借りずに恐る恐る二足歩行へと移行する。それから幼稚園、小学校、中学校と進み、自由を求めて高校、大学へとさらに進む。大学の後は、就職という社会人としての一歩を踏みだす。その後、部署が変わったり、まったく違う仕事へ転職したりするかもしれない。独り身からパートナーのいる身へ変わり、結婚することになるかもしれない。そして、コンフォートゾーンとは程遠い、子どものいる毎日が始まるかもしれない！

今度コンフォートゾーン外の状況に遭遇したら、それが自己主張することであれ、引き下がることであれ、昇給を願い出ることであれ、会議で問題提起することであれ関係ない。これまでに遭遇したさまざまなゾーン外のことを思いだしてほしい。新たな状況であっても、あなたにとっては「よくあること」の一つにすぎない。**これまでもずっと乗り越えてきたのだから、今度だって乗り越えられる。**

コンフォートゾーン外のことをするのは簡単ではない。できるようになるには時間がかかるし、努力がいる。テクニックの活用や意志の強さも必要だ。とはいえ、このことを念頭に置き、**前に進む勇気を奮い起こせば、ひっこみ思案のあなたはきっと変われる。**

訳者あとがき

十数年前の話になるが、子どもの頃に通っていた英語教室の恩師から、小中学生に英語を教える仕事をしないかと声をかけられた。人前で話すことも子どもと接することも苦手なので、反射的に「嫌だ」と思ったが、気づいたら引き受けていた。その恩師にはなぜか昔から逆らえないのだ。それに、講師という経験は自分にとってプラスになるという気持ちもあった。とはいえ、授業の見学に行くと、引き受けたことを後悔した。教室ではテキストを使わないので、授業のプランを講師自身で毎回立てないといけない。アドリブのような授業で生徒と楽しくやりとりしている恩師の姿を見て、そんなふうにはとてもできないと怖くなった。やっぱり無理だ。どうしよう……。

慣れていたることや、ラクにできると感じることをするときは、不安や緊張は生まれない。そういう心地よい状態でいられる領域のことを「コンフォートゾーン」と呼ぶ。この本の著者であるアンディ・モリンスキーは、コンフォートゾーン外のことに取り組むときの心理を研究していて、ゾーン外に出て行動しやすくなる方法を説くとともに、ゾーン外に出る勇気を人々に与えようと奮闘している。

私にとって、英語講師の仕事はコンフォートゾーン外のことだった。引き受けたばっかりに、恩師にできないと泣きつこうかと思い悩んだり、生徒にちゃんと授業を聞いてもらえるのか不安になったりした。授業の初日は朝から緊張し、授業では声が震え、家に帰ってからはこんなことではダメだと落ち込んだ。

でも、声が震えたのは初日だけで、しだいに慣れていった。1年がたつ頃には、授業中に自分の靴下に穴があいていると気づいたら、「生徒に穴を見せて『a hole』という言葉を教えよう！」と思えるまでになった。進んで前に出る性格に変わったわけではないので、未だに人前で話すとなると緊張するが、生徒の顔と教室の景色を思いだせば少し緊張がほぐれる。講師の仕事を通じて、私のコンフォートゾーンがいくらか広がったのだろう。当時は断らなかった自分を呪ったが、いまは引き受けてよかったと心から思う。

この本の原題は『Reach』だ。これは、何かに向かって手や身体を伸ばす、何かに向かって努力するという意味であり、何かに到達するという意味である。生きていれば必ず、自信がもてなくても、やりたくないと思っても、やらざるをえないことややったほうが自分のためになることに直面する。いまこれを読んでいるあなたにもきっと、変えたいと思っている何かや、できるようになりたいと思っている何かがあると思う。とくにないという人は、本当はやったほうがいい（またはできるようになりたい）と思っていることはないか、いま一度考えてみてほしい。この本を読めば、コンフォートゾーンから出るにあたっての対策がわかるので、あなたに合った対処の仕方がきっと見つかる。でも、やり方を理解しただけでは、変わったことにはならない。本当に変わるには、あなた自身で小さな一歩を踏みだす必要がある。

「人生は、コンフォートゾーンの範囲を広げることの連続だ」と著者は言う。考えてみれば、コンフォートゾーンから出たことがない人はひとりもいない。できないと思っていたことができるようになったという経験は、誰にでもある。やってみたら案外楽しめた、思っていたほど大変ではなかったといった経験もあるはずだ。自分が嫌になったり、自信がもてずに思い悩んだりしたときは、この著者の言葉を思いだしてほしい。この本が、コンフォートゾーンの境界線を前に「ひっこみ思案になっているあなた」を変えるきっかけとなってくれることを切に願う。

最後になったが、本書の翻訳にあたり、ダイヤモンド社の山下覚さんに大変お世話になった。この場を借りてお礼を申しあげたい。

２０１７年９月

花塚　恵

2006.（『マインドセット：「やればできる！」の研究』今西康子訳、草思社、2016年）

＊6 Teresa Amabile & Steven J. Kramer, *The Progress Principle: Using Small Wins to Ignite Joy, Engagement, and Creativity at Work*, Boston: Harvard Business Review Press, 2011.（『マネジャーの最も大切な仕事：95% の人が見過ごす「小さな進捗」の力』樋口武志訳、英治出版、2017 年）

第８章

＊1 Mihaly Csikszentmihalyi, *Flow: the Psychology of Optimal Experience*, New York: Harper Perennial Modern Classics, 2008.（『フロー体験　喜びの現象学』今村浩明訳、世界思想社、1996 年）

＊2 Erika Brown Ekiel, "Edward Fenster: Operate Out of Your Comfort Zone," *Insights by Stanford Business*, October 14, 2015, accessed June 6, 2016, http://www.gsb.stanford.edu/insights/edward-fenster-operate-out-your-comfort-zone.

＊3 Joseph Campbell, *The Power of Myth*, New York: Anchor, 1991.（『神話の力』飛田茂雄訳、早川書房、2010 年）

wait-and-talk.

＊7 Lysann Damisch et al., "Keep Your Fingers Crossed! How Superstition Improves Performance," *Psychological Science*, 21(2010), 1014-1020.

＊8 Walter Baile et al., "SPIKES—A Six-Step Protocol for Delivering Bad News: Application to the Patient with Cancer," *The Oncologist*, 21(2000): 302-311.

第5章

＊1 Mason Currey, *Daily Rituals: How Artists Work*, New York: Knopf, 2013.（『天才たちの日課：クリエイティブな人々の必ずしもクリエイティブでない日々』金原瑞人、石田文子訳、フィルムアート社、2014年）

＊2 Bridget Murray, "Writing to Heal," *APA Monitor on Psychology*, 33(2002): 54.

第6章

＊1 Michael P. Carey, PhD and Andrew D. Forsyth, "Teaching Tip Sheet: Self-Efficacy," *American Psychological Association*, accessed June 6, 2016, http://www.apa.org/pi/aids/resources/education/self-efficacy.aspx.

第7章

＊1 Hogan's Alley (FBI), accessed June 6, 2016, https://en.wikipedia.org/wiki/Hogan's_Alley_%28FBI%29.

＊2 Adam Grant, "How I Overcame the Fear of Public Speaking," *Linkedin Pulse*, accessed June 6, 2016, https://www.linkedin.com/pulse/20140918134337-69244073-overcoming-the-fear-of-public-speaking?trk=pulse-det-nav_art.

＊3 Richard Branson, "My Top 10 Quotes on Opportunity," accessed June 6, 2016, https://www.virgin.com/richard-branson/my-top-10-quotes-on-opportunity.

＊4 Jonathan Freedman & Scott Fraser, "Compliance Without Pressure: The Foot-in-the-Door Technique, *Journal of Personality and Social Psychology*, 4 (1966): 195-202.

＊5 Carol Dweck, *Mindset: The New Psychology of Success*, New York: Random House,

＊8　Eve Tahmincioglu, "Management : Vigilance In the Face of Layoff Rage," *New York Times*, August 1, 2001, accessed June 6, 2016, http://www.nytimes.com/2001/08/01/business/01SABO.html?pagewanted=all.

＊9　"CEOs Passing the Buck on Talent Management," accessed June 6, 2016, http://www.management-issues.com/news/4860/ceos-passing-the-buck-on-talent-management.

第３章

＊1　Emily Amanatullah & Michael W. Morris, "Negotiating Gender Roles: Gender Differences in Assertive Negotiating are Mediated by Women's Fear of Backlash and Attenuated When Negotiating on Behalf of Others," *Journal of Personality and Social Psychology*, 98 (2010): 256-267.

第４章

＊1　Dana Carney et al., "Brief Nonverbal Displays Affect Neuroendocrine Levels and Risk Tolerance," *Psychological Science*, 21(2010), 1363-1368.

＊2　Scott Stossel, "Surviving Anxiety," *The Atlantic*.

＊3　Hilary Lewis, "Four of Larry David's Funniest Rants From His 'Fish in the Dark' Interviews," *The Hollywood Reporter*, accessed June 6, 2016, http://www.hollywoodreporter.com/news/larry-david-fish-dark-interview-779600.

＊4　NPR Staff, "Much to His Chagrin, On Broadway Larry David Has to 'Wait and Talk'," *NPR*, accessed June 6, 2016, http://whro.org/arts-entertainment/11-arts-entertainment/13769-much-to-his-chagrin-on-broadway-larry-david-has-to-wait-and-talk.

＊5　Interview with Terry Gross, *Fresh Air*, accessed June 6, 2016, http://www.npr.org/2015/08/27/435189228/larry-davids-first-time-on-broadway-its-not-so-easy.

＊6　NPR Staff, "Much to His Chagrin, On Broadway Larry David Has to 'Wait and Talk'," *NPR*, accessed June 6, 2016, http://whro.org/arts-entertainment/11-arts-entertainment/13769-much-to-his-chagrin-on-broadway-larry-david-has-to-

信念を高めるどころか、仕事の意義を見いだせなくなり、退職の道を選んだ。

＊11 Scott Stossel, "Performance Anxiety in Great Performers: What Hugh Grant, Gandhi, and Thomas Jefferson have in common," *The Atlantic*, January/February, 2014, accessed June 5, 2016, http://www.theatlantic.com/magazine/archive/2014/01/what-hugh-grant-gandhi-and-thomas-jefferson-have-common/355853/.

＊12 Taffy Brodesser-Akner, "How To Stop Crying: Confessions of a Chronic Crier," *The Huffington Post*, March 13, 2013, accessed June 5, 2016, http://huff.to/1KDZkbb.

第2章

＊1 http://www.businessinsider.com/how-warren-buffett-learned-public-speaking-2014-12.

＊2 "7 Famous Classical Musicians Who Suffered from Stage Fright," *CMuse*, February 15, 2015, accessed June 6, 2016, http://www.cmuse.org/famous-classical-musicians-who-suffered-from-stage-fright.

＊3 "British Workers Going to Extreme Measures to Avoid Small Talk," *HR Grapevine*, May 15, 2015, accessed June 6, 2015, http://www.hrgrapevine.com/markets/hr/article/2015-05-15-british-workers-going-to-extreme-measures-to-avoid-small-talk.

＊4 Alexander Stein, "What Entrepreneurs are Feeling: Fear," *Fortune Small Business*, December 2, 2008, accessed June 6, 2016, http://boswellgroup.com/what-entrepreneurs-are-feeling-fear.

＊5 Laurence Stybel et al., "Planning Executive Dismissals: How to Fire a Friend." *California Management Review*, 24 (1982): 73–80.

＊6 John Tierney "This Was Supposed to Be My Column for New Year's Day." *New York Times*, January 14, 2013, accessed July 11, 2016, http://www.nytimes.com/2013/01/15/science/positive-procrastination-not-an-oxymoron.html?_r=0.

＊7 "Procrastination in Science," accessed June 6, 2016, https://procrastinus.com/procrastination/famous-procrastinators.

原註

はじめに

＊1　"Image of comfort zone," accessed June 5, 2016, http://www.huffingtonpost.com/jacob-morgan/why-getting-out-of-your-c_b_6660452.html.

＊2　本書に登場する「必要悪」に関する調査は、ハーバード・ビジネス・スクール教授のジョシュア・マーゴリスと共同で行った。

第1章

＊1　"Startups Anonymous: A list of Fears from the CEO of a Startup in NYC," accessed June 5, 2016, https://pando.com/2014/03/12/startups-anonymous-a-list-of-fears-from-the-ceo-of-a-startup-in-nyc.

＊2　2003~2008年に「必要悪」について独自に実施した調査データから引用。

＊3　Matthew D. Lieberman, *Social: Why Our Brains are Wired to Connect*, New York: Crown, 2013.（『21世紀の脳科学：人生を豊かにする3つの「脳力」』江口泰子訳、講談社、2015年）

＊4　2003~2008年に「必要悪」について独自に実施した調査データから引用。

＊5　Scott Stossel, *My Age of Anxiety: Fear, Hope, Dread, and the Search for Peace of Mind*. New York: Knopf, 2014.

＊6　Roger Jones, "What CEOs Are Afraid Of," *Harvard Business Review*, February 24, 2015, accessed June 6, 2016, https://hbr.org/2015/02/what-ceos-are-afraid-of.

＊7　出エジプト記4章10節。

＊8　2003~2008年に「必要悪」について独自に実施した調査データから引用。

＊9　2003~2008年に「必要悪」について独自に実施した調査データから引用。

＊10　結局、ジェシーはモラルの葛藤が生まれる状況が嫌になって退職した。彼女の言葉を借りるなら、「どうしようもなくムカムカする」のだという。仕事に対する

［著者］
アンディ・モリンスキー（Andy Molinsky）
ブランダイス大学インターナショナル・ビジネス・スクール教授。米国ブラウン大学卒。コロンビア大学国際関係学修士号、ハーバード大学心理学修士号、組織行動学博士号取得。心理学および組織行動学の教鞭をとり、ビジネスの現場における行動の変化、異文化の交流を専門に研究する。『ハーバード・ビジネス・レビュー』誌に定期的に寄稿し、その発言は、『ニューヨーク・タイムズ』紙、『フィナンシャル・タイムズ』紙、『エコノミスト』誌、『フォーチュン』誌をはじめ、NPR（ナショナル・パブリック・ラジオ）でもとりあげられた。ボストン近郊に暮らし、さまざまな職業の人を前に積極的に講演活動も行っている。

［訳者］
花塚 恵（はなつか・めぐみ）
翻訳家。福井県福井市生まれ。英国サリー大学卒業。英語講師、企業内翻訳者を経て現職。主な訳書に『SLEEP 最高の脳と身体をつくる睡眠の技術』『脳が認める勉強法』（ともにダイヤモンド社）、『人生を変える習慣のつくり方』（文響社）、『ブライアン・トレーシーが教える最強の時間』（かんき出版）、『ハーバード あなたを成長させるフィードバックの授業』（東洋経済新報社）、『スターバックスはなぜ値下げもテレビCMもしないのに強いブランドでいられるのか?』（ディスカヴァー・トゥエンティワン）などがある。東京都在住。

ひっこみ思案のあなたが生まれ変わる科学的方法

2017年9月21日　第1刷発行

著　者――アンディ・モリンスキー
訳　者――花塚 恵
発行所――ダイヤモンド社
〒150-8409　東京都渋谷区神宮前6-12-17
http://www.diamond.co.jp/
電話／03·5778·7232（編集）　03·5778·7240（販売）

ブックデザイン―寄藤文平＋吉田考宏（文平銀座）
校正――――鷗来堂
DTP ―――インタラクティブ
製作進行――ダイヤモンド・グラフィック社
印刷――――加藤文明社
製本――――加藤製本
編集担当――山下 覚

ISBN 978-4-478-10163-6